IAS / IFRS

Prof. Dr. Jörg Wöltje

Haufe

Bibliografische Information der Deutschen Bibliothek

Die Deutsche Bibliothek verzeichnet diese Publikation in der Deutschen Nationalbibliografie; detaillierte bibliografische Daten sind im Internet über http://dnb.ddb.de abrufbar.

ISBN 3-448-05975-7
Bestell-Nr. 00767-0001

Postanschrift: Postfach, 82142 Planegg
Hausanschrift: Fraunhoferstraße 5, 82152 Planegg
Fon: (0 89) 8 95 17-0, Fax: (0 89) 8 95 17-2 50
E-Mail: online@haufe.de
Internet www.haufe.de
Lektorat: Helmut Haunreiter
Redaktion: Sylvia Rein

Umschlaggestaltung: Simone Kienle, par:two büro für visuelles, 70182 Stuttgart
Umschlagentwurf: Agentur Buttgereit & Heidenreich, 45721 Haltern am See
Druck: freiburger graphische betriebe, 79108 Freiburg

Zur Herstellung der Bücher wird nur alterungsbeständiges Papier verwendet.

TaschenGuides – alles, was Sie wissen müssen

Für alle, die wenig Zeit haben und erfahren wollen, worauf es ankommt. Für Einsteiger und für Profis, die ihre Kenntnisse rasch auffrischen wollen:

- Sie sparen Zeit und können das Wissen effizient umsetzen.
- Kompetente Autoren erklären jedes Thema aktuell, leicht verständlich und praxisnah.
- In der Gliederung finden Sie die wichtigsten Fragen und Probleme aus der Praxis.
- Das übersichtliche Layout ermöglicht es Ihnen, sich rasch zu orientieren.
- Schritt für Schritt-Anleitungen, Checklisten, Beispiele und hilfreiche Tipps bieten Ihnen das nötige Werkzeug für Ihre Arbeit.
- Als Schnelleinstieg in ein Thema ist der TaschenGuide die geeignete Arbeitsbasis für Gruppen in Organisationen und Betrieben.

Ihre Meinung interessiert uns. Mailen Sie einfach an die TaschenGuide-Redaktion unter online@haufe.de. Wir freuen uns auf Ihre Anregungen.

Inhalt

Vorwort

Ab dem Jahr 2005 sind alle kapitalmarktorientierten EU-Unternehmen mit wenigen Ausnahmen verpflichtet, ihren Konzernabschluss nach den International Accounting Standards (IAS) – inzwischen International Financial Reporting Standards (IFRS) genannt – zu erstellen. Mit dem Bilanzreformgesetz dürfen auch nicht kapitalmarktorientierte Unternehmen an Stelle eines HGB-Abschlusses ihre Konzernabschlüsse nach IAS/IFRS aufstellen.

Selbst Einzelabschlüsse können künftig, zusätzlich zu einem HGB-Abschluss, nach IAS/IFRS erstellt werden. Dieser Zusatzaufwand kann sich durchaus lohnen, da die Regeln der IAS/IFRS Spielräume zur Gestaltung der Vermögenswerte einräumen, die es bei der Bilanzierung nach HGB in diesem Maße nicht gibt. Ein verbessertes Banken-Rating kann z. B. die Folge sein, um nur einen möglichen Vorteil zu nennen.

Zugegeben – die Materie ist komplex. Doch gerade hierin liegt die Herausforderung für diesen TaschenGuide: Ihnen dabei zu helfen, sich mit dem Thema IAS/IFRS schnell vertraut zu machen.

Kompakt und leicht verständlich, unterstützt durch zahlreiche praktische Beispiele und Übersichten, präsentiert Ihnen der vorliegende TaschenGuide, was Sie über die IAS/IFRS wissen müssen. Ich wünsche Ihnen viel Erfolg!

Prof. Dr. Jörg Wöltje

Die Grundzüge der IAS/IFRS

Was sind die IAS/IFRS, warum wurden sie entwickelt, worin liegen die wesentlichen Unterschiede zum HGB? Und vor allem: Wer ist wann von der Umstellung betroffen? Antworten auf diese Fragen erhalten Sie im folgenden Kapitel.

Was sind die IAS/IFRS?

IAS, die „International Accounting Standards", hängen mit der wirtschaftlichen Globalisierung zusammen, haben etwas mit internationaler Rechnungslegung zu tun, werden für bestimmte Unternehmen demnächst zwingender Standard sein – häufig herrschen mehr oder weniger vage Vorstellungen davon, was die IAS eigentlich sind.

Die International Accounting Standards – künftig „International Financial Reporting Standards" (IFRS) genannt – sind international vereinheitlichte Bestimmungen zur Rechnungslegung.

Wer hat die IAS ins Leben gerufen?

Die IAS werden vom International Accounting Standard Board (IASB) entwickelt. Das IASB ist ein internationaler privatrechtlicher Standardsetter, der die Regeln für die Rechnungslegung vorgibt.

Er setzt sich aus Angehörigen verschiedener Berufsverbände zahlreicher Länder – darunter auch Deutschland – zusammen, die sich mit der Rechnungslegung beschäftigen. Zu diesen Berufsverbänden gehören z. B. Wirtschaftsprüfer und Unternehmensvertreter.

Warum wurden die IAS entwickelt?

Im Zuge der zunehmenden Globalisierung und der damit verbundenen stärkeren Kapitalmarktorientierung in der

Unternehmenslandschaft entstehen immer mehr Beziehungen zwischen internationalen Geschäftspartnern.

Entscheidungen über Investitionen, Vertragsabschlüsse und Geschäftskonditionen basieren auf den von den jeweiligen Partnern veröffentlichten Informationen. So erfolgt der Jahresabschluss deutscher Firmen beispielsweise nach dem Handelsgesetzbuch. Den neuen internationalen Informationsansprüchen wird diese Praxis nicht mehr gerecht.

Es gilt vielmehr Grundlagen zu schaffen, die es ermöglichen, eine international gültige Vergleichbarkeit von Jahresabschlüssen und Unternehmensbewertungen (Rating) zu gewährleisten: standardisierte, einheitliche Rechnungslegungsinstrumente. Um diesen neuen Anforderungen gerecht zu werden, wurden die IAS/IFRS entwickelt.

Wie sind die IAS/IFRS aufgebaut?

Die IAS/IFRS sind ein Regelwerk, das aus drei Teilbereichen besteht:

- dem Framework. Es beinhaltet die Rahmenbedingungen und bildet die allgemeine Basis für die IAS,
- den einzelnen Standards (IAS 1 bis IAS 41 und IFRS 1). Sie sind laufend durchnummeriert und regeln spezielle Sachverhalte,
- den Interpretations (SIC-1 bis SIC-33). Sie konkretisieren und ergänzen die Standards.

Hierarchisch stehen die Standards und Interpretations über dem Framework, da sie konkrete Sachverhalte regeln, das Framework jedoch lediglich die konzeptionellen Grundlagen der IAS/IFRS enthält.

Die folgende Abbildung soll Ihnen den Aufbau der IAS veranschaulichen:

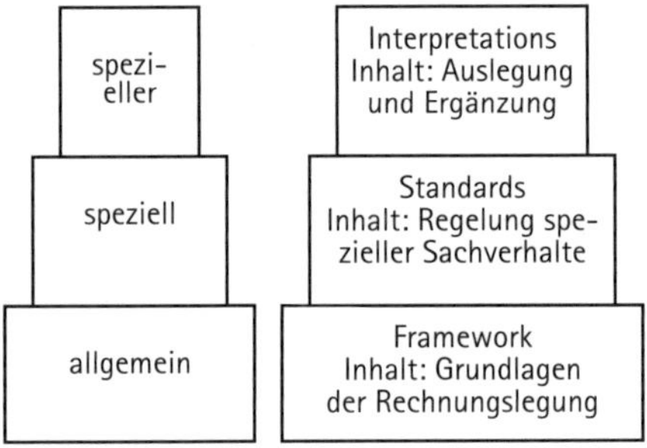

Das Framework

Zu den Grundlagen, die im Framework beschrieben werden, gehören:

- die Zielsetzung von Jahresabschlüssen,
- die Grundprinzipien der Rechnungslegung,
- die Definition, der Ansatz und die Bewertung der Abschlussposten sowie
- Kapital und Kapitalerhaltungskonzepte.

Das Framework dient vor allem als Leitlinie um neue Standards zu erstellen, bzw. stellt eine Hilfe dar um Sachverhalte zu behandeln, die noch nicht durch einen IAS geregelt sind.

▪ *Das Framework stellt die Basis der IAS/IFRS-Rechnungslegung dar und enthält übergreifende Überlegungen bezüglich der Grundanforderungen zur Rechnungslegung. Auf ihr bauen die einzelnen IAS/IFRS auf. Durch die Interpretations werden die Standards näher konkretisiert.* ▪

Die einzelnen Standards bzw. IAS

Die einzelnen Standards regeln konkrete Sachverhalte und folgen einem bestimmten Aufbauschema:

- Zunächst wird der Anwendungsbereich des Standards erläutert.
- Dann werden die relevanten Definitionen dargestellt.
- Anschließend folgen die einzelnen Vorschriften.

Wie lauten die Grundprinzipien der IAS?

Die Grundprinzipien der IAS sind im Framework geregelt. IAS 1 bestimmt, wie der Abschluss dargestellt werden soll.

Zugrunde liegende Annahmen

Die zugrunde liegenden Annahmen (underlying assumptions) bilden die Basis der Rechnungslegung nach IAS/IFRS. Sie sind in IAS 1 definiert und umfassen die folgenden zwei Basisgrundsätze:

- die Annahme der Unternehmensfortführung („going concern principle") und
- die periodengerechte Erfolgsermittlung („accrual basis of accounting").

Diese Grundsätze werden im Framework durch die so genannten qualitativen Zusatzanforderungen an die Rechnungslegung ergänzt.

Qualitative Anforderungen

Mithilfe dieser „qualitive characteristics" sollen die Informationen des Jahresabschlusses für die Leser aussagekräftiger und damit nützlicher werden.

Die wichtigsten qualitativen Anforderungen sind:

- **Verständlichkeit von Information (understandability):** Der Abschluss muss nach diesem Prinzip klar, deutlich und nachvollziehbar aufgebaut sein.
- **Relevanz von Information (relevance):** Nur entscheidungsrelevante Informationen sind auszuweisen. Zu dieser Anforderung gehört – als ein wichtiges Kriterium für die Anwendung aller IAS/IFRS – die Wesentlichkeit (materiality).
- **Verlässlichkeit (reliability):** Eine Information muss glaubwürdig, wertneutral und vollständig dargestellt

werden. Die Anforderung der Verlässlichkeit wird durch fünf Einzelgrundsätze konkretisiert:

- glaubwürdige Darstellung (faithful presentation),
- wirtschaftliche Betrachtungsweise (substance over form),
- Willkürfreiheit (neutrality),
- Vollständigkeit (completeness) und
- Vorsicht (prudence).

- **Vergleichbarkeit (comparability):** Die Informationen sind so darzustellen, dass sowohl zwei Abschlüsse eines Unternehmens verschiedener Perioden als auch mehrere Unternehmensabschlüsse miteinander vergleichbar sind.

▪ *Da sich die IFRS nur auf wesentliche Positionen beziehen, kann bei unwesentlichen von ihnen abgewichen werden. Wesentlich sind Angaben dann, wenn die Entscheidungen der Adressaten dadurch beeinflusst werden könnten, ob sie überhaupt oder ob sie falsch informiert wurden.* ▪

Die folgenden Nebenbedingungen müssen ebenfalls erfüllt sein:

- zeitnahe Berichterstattung,
- die Abwägung von Kosten und Nutzen und
- die Ausgewogenheit der qualitativen Anforderungen.

Schließlich haben die IFRS-Abschlüsse die Vermögens-, Finanz- und Ertragslage entsprechend den tatsächlichen Verhältnissen darzustellen. Die folgende Übersicht fasst die Grundprinzipien der IAS zusammen:

Ziel des Abschlusses: Vermittlung nützlicher Informationen
Zu Grunde liegende Annahmen:
- periodengerechte Erfolgsermittlung
- Unternehmensfortführung
Qualitative Anforderungen
Verständlichkeit
Relevanz
Verlässlichkeit
Vergleichbarkeit
Wesentlichkeit
Glaubwürdigkeit
Wirtschaftliche Betrachtungsweise
Willkürfreiheit
Vollständigkeit
Vorsicht
Stetigkeit
Zeitnähe
Abwägung von Kosten und Nutzen
Ausgewogenheit der qualitativen Anforderungen
Vermittlung eines den tatsächlichen Verhältnissen entsprechenden Bildes der Vermögens-, Finanz-, und Ertragslage

Wer muss wann umstellen?

Für viele Unternehmen innerhalb der EU gilt: Ab 2005 sind sie dazu verpflichtet, ihren Abschluss nach den IAS zu erstellen.

Wer muss umstellen?

Gemäß der IAS-Verordnung des Europäischen Parlaments müssen ab 2005 alle der rund 7 000 kapitalmarktorientierten europäischen Konzerne ihre Rechnungslegung auf die IAS/IFRS umstellen. Deren Tochterunternehmen werden somit auch ihre Rechnungslegung anpassen. Es wird zu einer Massenumstellung nach IFRS kommen.

▪ *Ab 2005 sind alle kapitalmarktorientierten Unternehmen in der EU verpflichtet ihre Rechnungslegung nach IFRS umzustellen!* ▪

Doch nicht nur der Gesetzgeber hat reagiert: Seit der Einführung des neuen Prime Standards der Deutschen Börse 2003 gewinnt die internationale Rechnungslegung für deutsche Unternehmen zusätzlich an Brisanz. Strebt Ihr Unternehmen an, in die Auswahlindizes DAX, MDAX, SDAX und TecDAX aufgenommen zu werden, muss es im Prime Standard zugelassen sein.

In den „Prime Standard" werden ausschließlich Unternehmen aufgenommen, die internationale Transparenzanforderungen erfüllen – sie haben u. a. die Pflicht, ihren Abschluss nach internationalen Rechnungslegungsstandards zu erstellen, wozu neben den US-GAAP auch die IAS/IFRS gehören.

Auch nicht kapitalmarktorientierte Unternehmen haben die Möglichkeit ihren Jahresabschluss nach IFRS zu erstellen. Obwohl sie nicht dazu verpflichtet sind, kann eine Umstellung auf IAS/IFRS für diese Unternehmen vorteilhaft sein. Umfangreiche Informationen dazu erhalten Sie im Kapitel „Welche Vorteile kann die Umstellung bieten?".

Die Regelungen zur Umstellung im Überblick

Der Beschluss der EU-Kommission beinhaltet folgende Regeln:

- Kapitalmarktorientierte EU-Unternehmen sind verpflichtet, ab 2005 ihre Konzernabschlüsse nach IFRS zu erstellen.
- Die EU-Mitgliedsstaaten haben die Möglichkeit, die Anwendung der IFRS auch bei Einzelabschlüssen von kapitalmarktorientierten Unternehmen zu gestatten bzw. vorzuschreiben.
- Bezüglich nicht kapitalmarktorientierter Unternehmen haben die EU-Mitgliedsstaaten ebenfalls ein Wahlrecht: Sie können in Bezug auf Konzern- und Einzelabschlüsse gestatten oder vorschreiben, dass IAS angewendet werden. Der Konzernabschluss kann in Deutschland nach IAS/IFRS, aber der Einzelabschluss muss nach HGB erstellt werden, wobei ein zusätzlicher Einzelabschluss zu Informationszwecken nach IAS/IFRS möglich ist.
- Unternehmen, die nach US-GAAP bilanzieren und in einem Drittland an der Börse notiert sind, wird eine Übergangszeit für die Umstellung bis 2007 gewährt.

Selbst wenn Ihr Unternehmen nicht unmittelbar von einer Umstellung betroffen ist, werden Sie sich z.B. als Geschäftsführer, kaufmännischer Leiter, Mitarbeiter im Rechnungswesen oder BWL-Student zukünftig auf jeden Fall mit der IAS/IFRS-Rechnungslegung befassen müssen.

Die folgende Übersicht zeigt Ihnen die ab 2005 gültigen rechtlichen Vorgaben für kapitalmarktorientierte und andere Unternehmen:

	Konzernabschluss	**Einzelabschluss**
kapitalmarkt-orientierte Unternehmen	Gemäß EU-Verordnung ist IAS/IFRS ab 2005 verpflichtend. Für Unternehmen, die einen US-GAAP-Abschluss erstellen, gilt eine Übergangsfrist bis 1.1.2007.	Die Aufstellung muss nach HGB erfolgen. Nach IAS/IFRS kann zu Informationszwecken und zur Offenlegung im Bundesanzeiger zusätzlich bilanziert werden.
übrige Unternehmen	Es besteht ein Wahlrecht zur Aufstellung nach IAS/IFRS oder HGB.	Die Aufstellung erfolgt nach HGB. Bilanzierung nach IAS/IFRS nur zu Informationszwecken und zur Offenlegung im Bundesanzeiger.

Wann muss umgestellt werden?

Die kapitalmarktorientierten Unternehmen sind verpflichtet, schon zum 01.01.2004 ihre IFRS-Eröffnungsbilanz nach den gültigen Standards der Berichtsperiode 2005 zu erstellen.

So soll die Umstellung ablaufen

Die IFRS 1 beschreiben genau, wie ein Unternehmen vom HGB-Abschluss auf den IFRS-Abschluss umzustellen hat. Für die Umstellung gilt folgendes Grundkonzept:

- Die IFRS-Eröffnungsbilanz ist zum 01.01.2004 zu erstellen, auch wenn sie nicht veröffentlicht werden muss.
- Es sind alle Vermögenswerte und Schulden gemäß IFRS zu erfassen.
- Schulden und Vermögenswerte, die gemäß IFRS nicht bilanzierungsfähig sind, dürfen nicht angesetzt werden (z. B. Sonderposten mit Rücklageanteil).
- Alle Umstellungseffekte müssen mit den Gewinnrücklagen der IFRS-Eröffnungsbilanz ergebnisneutral verrechnet werden.
- Alle Sachverhalte müssen nach IFRS bewertet werden (z. B. rein steuerlich motivierte Sonderabschreibungen müssen eliminiert werden).
- Die Umstellung auf IFRS erfolgt grundsätzlich retrospektiv (nur wenige Sachverhalte sind davon ausgenommen), mit den Standards, die in der Berichtsperiode 2005 gültig sind.

Beispiel: Retrospektive Umstellung
Ein Unternehmen hat vor vier Jahren eine Maschine gekauft und diese bislang in ihrem HGB-Abschluss degressiv abgeschrieben. Bei einer Umstellung auf IFRS ist diese Maschine rückwirkend linear abzuschreiben. Durch diese Neubewertung ergibt sich ein höherer Buchwert.

IAS und HGB – was sind die Hauptunterschiede?

Der vorrangige Rechnungslegungszweck nach dem HGB ist der Gläubigerschutz und die Kapitalerhaltung. Hauptadressaten sind daher die Fremdkapitalgeber eines Unternehmens. Somit ist die Information der Rechnungslegung vorrangig kreditorientiert. Das Vorsichtsprinzip nach HGB führt dazu, dass Erfolge bzw. Vermögenswerte eher zu niedrig und Aufwendungen und Schulden eher zu hoch ausgewiesen werden.

Anders verhält es sich bei den IAS/IFRS. Hier dient der vorrangige Rechnungslegungszweck dem Investorenschutz. Im Gegensatz zum HGB sind die Investoren, d. h. die Eigenkapitalgeber, die Hauptadressaten. Daher sollen Erfolge möglichst periodengerecht ausgewiesen und Informationen für wirtschaftliche Entscheidungen der Investoren vermittelt und bereitgestellt werden. Alle anderen Ziele werden dieser Funktion untergeordnet.

Der Grundsatz der „fair presentation" sichert die Entscheidungsnützlichkeit der Information und soll somit einerseits die Investoren schützen und andererseits das Interesse der Investoren und Aktionäre wecken. Das Vorsichtsprinzip rückt dabei in den Hintergrund.

Bei IAS/IFRS ist die Informationsfunktion das oberste Ziel. Der Schwerpunkt liegt auf dem Grundsatz der "fair presentation". Dagegen ist bei HGB der Gläubigerschutz das oberste Ziel. Dieser wird durch das Vorsichtsprinzip gewährleistet.

Wie unterscheiden sich die Rechnungslegungsziele?

Die folgende Gegenüberstellung zeigt Ihnen, worin sich die Rechnungslegungsziele der IAS von den Zielen des HGB unterscheiden:

Kriterium	HGB	IAS/IFRS
Rechnungslegungszweck	Gläubigerschutzprinzip und Kapitalerhaltung	Anlegerschutz, investororientierte Zielsetzung
Hauptadressat	Fremdkapitalgeber (kreditorientierte Rechnungslegung)	Eigenkapitalgeber (kapitalmarktorientierte Rechnungslegung)
Benötigte Information	Für Gläubiger ist die zukünftige Gewinnsituation wichtig, damit der Kapitaldienst gewährleistet ist.	zukünftige, geplante Einzahlungsüberschüsse, wirtschaftliche Lage des Unternehmens
Rechnungslegungsziel	Durch Vorsichtsprinzip verminderter Erfolgsausweis und	Bereitstellung von besseren Informationen für wirtschaftli-

	dadurch Erhaltung der Haftungsmasse für den Gläubiger	che Entscheidungen der Investoren, d. h. die periodengerechte Erfolgsermittlung ist bestimmend
Steuerliche Einflüsse	Maßgeblichkeitsprinzip als Ausgangsbasis für die Steuerbilanz	Keine unmittelbare Bindung zum Steuerrecht
Generalklausel	Berücksichtigung des Vorsichtsprinzips	Grundsatz der fair presentation, kein Abweichen von den Einzelvorschriften möglich
Gewinnermittlung	vorsichtig, verlustantizipierend, (umgekehrte) Maßgeblichkeit, Ansatz- und Bewertungswahlrechte	realistisch zu ermitteln (fair presentation), ohne steuerlichen Einfluss, Tendenz zum „fair value accounting"

Welche Rechnungslegungsinstrumente müssen in den Abschluss?

Ein Jahresabschluss besteht aus verschiedenen Bestandteilen bzw. Rechnungslegungsinstrumenten – z. B. der Bilanz, der GuV-Rechnung oder dem Anhang. Welche Bestandteile in den Jahresabschluss aufgenommen werden müssen, hängt von der Art des Unternehmens ab.

Die folgende Übersicht zeigt Ihnen, worin sich hierin IAS/IFRS und HGB unterscheiden:

Rechnungslegungsinstrument	**HGB**	**IAS/IFRS**
Bilanz (balance sheet)	alle	alle
GuV-Rechnung (income statement)	alle	alle
Kapitalflussrechnung (cash flow statement)	bei kapitalmarktorientierten Mutterunternehmen	alle
Anhang (notes)	Kapitalgesellschaften	alle
Segmentbericht (segment reporting)	bei kapitalmarktorientierten Mutterunternehmen	Unternehmen, deren Wertpapiere öffentlich gehandelt werden
Eigenkapitalveränderungsrechnung (changes in equity)	bei kapitalmarktorientierten Mutterunternehmen, (Eigenkapitalspiegel)	alle
Ergebnis je Aktie (earnings per share)	-	Unternehmen, deren Aktien öffentlich gehandelt werden
Lagebericht (management report)	mittelgroße und große Kapitalgesellschaften	(Empfehlung zur Erstellung eines Berichts über die Lage des Unternehmens)

Die wichtigsten Bilanzierungs- und Bewertungsfragen

Was ändert sich nun konkret? Worin genau liegen die Unterschiede zwischen IAS/IFRS und HGB? Was sind die neuen Regeln? Die Antworten auf diese Fragen werden veranschaulicht durch zahlreiche Beispiele und eine umfassende Übersicht am Kapitelende.

Allgemeine Ansatz-/Bewertungsvorschriften

Vermögensteile und Schulden müssen in der Bilanz mit Geldwerten beziffert werden. Die entsprechenden Bewertungsvorschriften nach IAS/IFRS weichen zum Teil erheblich von den Vorschriften des HGB ab. Unterschiede zwischen HGB und IAS/IFRS bestehen auch hinsichtlich der Posten, die in der Bilanz erfasst werden müssen.

Bevor im weiteren Verlauf dieses Kapitels die wichtigsten Bilanzierungs- und Bewertungsfragen detailliert betrachtet werden, gibt Ihnen der folgende erste Abschnitt einen Überblick über generelle Ansatz- und Bewertungsvorschriften, wie sie nach HGB und IAS/IFRS gelten.

Generelle Ansatzvorschriften

In der Bilanz sind nach IAS/IFRS Vermögenswerte, Schulden und Eigenkapital zu erfassen.

> ■ *Bilanzierungshilfen bzw. den Sonderposten mit Rücklageanteil, wie bei HGB gibt es bei den IAS/IFRS nicht.* ■

Die GuV-Rechnung enthält die Aufwendungen und Erträge.

Ein Vermögenswert (asset) muss nach IAS/IFRS eine

- in der Verfügungsmacht des Unternehmens stehende Ressource,
- die ein Resultat vergangener Ereignisse ist und

- von der ein Zufluss zukünftigen wirtschaftlichen Nutzens erwartet wird

sein.

Eine Schuld (liability) muss ebenfalls drei Eigenschaften haben. Bei ihr muss:

- eine gegenwärtige Verpflichtung vorliegen,
- die ein Ergebnis vergangener Ereignisse ist,
- von deren Erfüllung erwartet wird, dass Ressourcen mit wirtschaftlichem Nutzen abfließen.

Nach IAS/IFRS sind nur Verbindlichkeitsrückstellungen möglich, aber keine Aufwandsrückstellungen wie beim HGB, da um Rückstellungen zu bilden, eine Außenverpflichtung bestehen muss.

Generelle Bewertungsvorschriften

Als Bewertungsmaßstäbe kommen die historischen Anschaffungs- oder Herstellungskosten (AHK), der Tageswert, der Veräußerungswert und der Barwert in Betracht. Zudem unterscheiden die IAS/IFRS zwischen Erst- und Folgebewertung.

Erstbewertung

Hier werden die Vermögenswerte mit den AHK angesetzt. Zu den Anschaffungskosten gehört der Kaufpreis zzgl. Anschaffungsnebenkosten abzüglich Anschaffungspreisminderungen.

Worin sich HGB und IAS/IFRS in der Behandlung der Herstellungskosten unterscheiden, sehen Sie in folgender Tabelle:

	HGB	IAS/IFRS
Materialeinzelkosten Fertigungseinzelkosten Sondereinzelkosten der Fertigung	Pflicht	Pflicht
Materialgemeinkosten Fertigungsgemeinkosten Abschreibungen auf Anlagevermögen Verwaltungsgemeinkosten (herstellungsbezogen)	Wahlrecht	Pflicht
Verwaltungsgemeinkosten (nicht herstellungsbezogen)	Wahlrecht	Verbot
Aufwendungen für soziale Einrichtungen, freiwillige soziale Leistungen, betriebliche Altersversorgung	Wahlrecht	Pflicht (produktionsbezogen)
Fremdkapitalzinsen, grundsätzlich	Verbot	Wahlrecht
Fremdkapitalzinsen zur Finanzierung der Herstellung eines Vermögensgegenstands, die auf die Dauer der Herstellung entfallen	Wahlrecht	Wahlrecht
Entwicklungskosten	Verbot	Pflicht
Forschungskosten	Verbot	Verbot
Vertriebskosten	Verbot	Verbot

Bei der HGB-Bewertung bilden die Einzelkosten die Wertuntergrenze der Herstellungskosten.

Die IAS/IFRS verlangen grundsätzlich, dass die Herstellungskosten zu Vollkosten bewertet werden. Die einzige Ausnahme ist das Wahlrecht Fremdkapitalzinsen zu aktivieren.

Beispiel: Herstellungskosten bei einem Automobilzulieferer
Ein Automobilzulieferer bilanzierte bislang nach HGB seine unfertigen Erzeugnisse und Fertigerzeugnisse zu Teilkosten. Da der Zulieferer international tätig ist, wird im nächsten Jahr nach IAS/IFRS bilanziert. Es wurden im Geschäftsjahr 400.000 Spurstangen produziert und davon 390.000 Stück verkauft.

Die Materialeinzelkosten betragen 4,00 € pro Stück. Zusätzlich sind 15 % Materialgemeinkosten zu verrechen. Die Fertigungseinzelkosten betragen 3,50 € pro Stück. Zusätzlich sind 150 % Fertigungsgemeinkosten inkl. Abschreibungen zu verrechnen. Sondereinzelkosten der Fertigung sind 0,50 € pro Stück angefallen. Die herstellungsbezogenen Verwaltungsgemeinkosten (VGK) betragen 4 % und die nicht herstellungsbezogenen Verwaltungsgemeinkosten (VGK) betragen 6 %. Vertriebskosten (Einzelkosten): 1 € pro Stück. Wie sind die Bestände nach HGB (zu Teilkosten) und nach IAS/IFRS zu bewerten?

	HGB	IAS/IFRS
Materialeinzelkosten	4,00 €	4,00 €
Materialgemeinkosten	Wahlrecht	0,60 €
Fertigungseinzelkosten	3,50 €	3,50 €
Fertigungsgemeinkosten	Wahlrecht	5,25 €
Sondereinzelkosten der Fertigung	0,50 €	0,50 €
Herstellungskosten	**8,00 €**	**13,85 €**
VGK herstellungsbezogen 4 %	Wahlrecht	0,53 €
VGK nicht herstellungsbezogen 6 %	Wahlrecht	Verbot
Wert pro Stück	8,00 €	14,38 €
Lagerwert (x 10.000)	80.000,00 €	143.800,00 €

Dadurch, dass die Bilanzierung von HGB (Teilkosten) auf IAS/IFRS (Vollkosten) umgestellt wurde, ergibt sich eine Höherbewertung um 63.800 €, d.h. eine Steigerung um ca. 80 %.

Folgebewertung nach IAS/IFRS

Für die Folgebewertung der immateriellen Vermögensgegenstände und der Sachanlagen besteht im Gegensatz zum HGB nach IAS/IFRS ein Wahlrecht.

Entsprechend können Sie die Vermögenswerte mit den fortgeführten Anschaffungs- oder Herstellungskosten (bevorzugte Methode = benchmark treatment) oder einem Neubewertungsbetrag (alternativ zulässige Methode = allowed alternative treatment) bewerten.

- **Bevorzugte Methode (benchmark treatment):** Zunächst werden die Anschaffungs- und Herstellungskosten um die planmäßigen Abschreibungen verringert. Anschließend vergleichen Sie die fortgeführten Anschaffungs- oder Herstellungskosten mit dem für den Vermögenswert erzielbaren Betrag (recoverable amount).
  Hierbei kann es zu einer außerplanmäßigen Abschreibung auf den niedrigeren erzielbaren Betrag kommen. Besteht diese Wertminderung in einer späteren Periode nicht mehr, erfolgt eine Zuschreibung.

Das folgende Schema zeigt Ihnen das Verfahren des Niederstwerttests (impairment tests) mit der bevorzugten Methode (benchmark treatment).

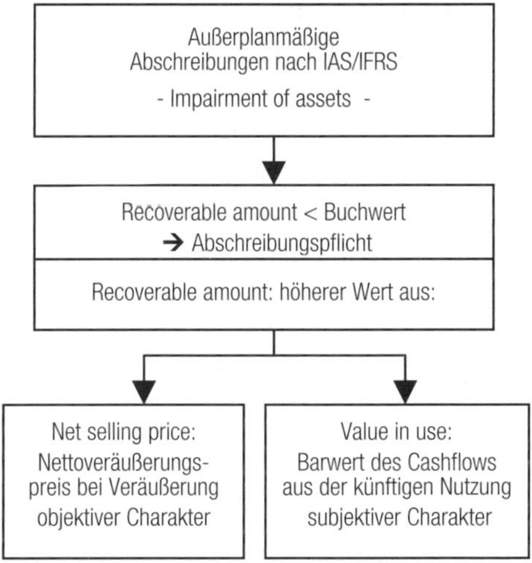

Ist der erzielbare Betrag (recoverable amount) für ein asset unter dessen Restbuchwert gesunken, muss immer eine außerplanmäßige Abschreibung erfolgen.

▪ *Der erzielbare Betrag ist der höhere Wert aus dem Nettoveräußerungspreis (net selling price) und dem Nutzwert (value in use).* ▪

Der Nettoveräußerungspreis wird vom Absatzmarkt bestimmt. Hierbei sind vom unter marktüblichen Bedingungen erzielbaren Veräußerungspreis die notwendigen Veräußerungskosten abzuziehen. Der Nutzwert wird unternehmensintern und grundsätzlich für jedes einzelne Asset bestimmt.

- **Alternative Methode (allowed alternative treatment):** An nachfolgenden Bilanzstichtagen nehmen Sie eine Neubewertung zum zuverlässig ermittelbaren Zeitwert (fair value) abzüglich der kumulierten Abschreibungen vor.

Ist der Zeitwert höher als der Buchwert, können Sie diesen ansetzen, auch wenn er über den historischen Anschaffungs- und Herstellungskosten liegt. Diese Werterhöhung (Differenz Buchwert/Neuwert) wird dann erfolgsneutral in die Neubewertungsrücklage (revaluation surplus), die Teil des Eigenkapitals ist, eingestellt.

Kommt es später zu einer Wertminderung, lösen Sie zunächst die Neubewertungsrücklage auf. Sollte die für den einzelnen Vermögenswert gebildete Rücklage nicht ausreichen, behandeln Sie die überschreitende Minderung als Abschreibung.

Beispiel: Neubewertungsmethode

Ein Automobilzulieferer kaufte während der Immobilienflaute am 01.01.2001 ein Gebäude für 400.000 €. Die Nutzungsdauer wird mit 33 1/3 Jahren angesetzt und jährlich linear mit 3 % abgeschrieben. Am 31.12.2003 wurde die Immobilie geschätzt und der fair value beträgt 600.000 €. Es wird die Alternative Methode (Neubewertung) angewandt.

Der Buchwert der Immobilie beträgt zum 31.12.2003: 364.000 € (Anschaffungskosten – planmäßige Abschreibungen der Jahre 2001, 2002, 2003). Die Differenz aus 600.000 € – 364.000 € = 236.000 € wird in die Neubewertungsrücklage eingestellt. Die nachfolgende Darstellung zeigt, wie sich die Bilanz aufgrund der Neubewertung verändert hat.

Bilanz zum 31.12.2003			
Gebäude	600.000 €	Eigenkapital	364.000 €
		Neubewertungsrücklage	236.000 €
erfolgsneutraler Vermögenszuwachs			

Die Neubewertung des Gebäudes (Zuschreibung um 236.000 €) erfolgte erfolgsneutral gegen die Neubewertungsrücklage (revaluation surplus).

Im nächsten Geschäftsjahr erfolgen die Abschreibungen vom Neubewertungsbetrag. Bei einer verbleibenden Restnutzungsdauer von 30 1/3 Jahren betragen die jährlichen Abschreibungen 19.780,22 €. Ohne die Neubewertung würden die jährlichen Abschreibungen nur 12.000 € betragen. Ein Teil der Neubewertungsrücklage (236.000 € : 30 1/3 Jahre = 7.780,22 €) wird durch die Nutzung realisiert, so dass eine Umbuchung in die Gewinnrücklagen (reserves) erfolgt.

Bilanz zum 31.12.2004	
Gebäude 580.219,78 €	Neubewertungsrücklage 228.219,78 €
(Minderung: 600.000 € x 0,03 = Abschreibung: 19.780,22 €)	(Minderung: 236.000 € x 0,03) Einstellung in Gewinnrücklagen 7.780,22 €
Teilweise Auflösung der Neubewertungsrücklage von 7.780,22 €	

Die Neubewertungsrücklage ist eine vorläufige Rücklage. Sie gilt erst dann als realisiert, wenn die als Aufwand verrechneten Abschreibungen am „Markt“ verdient wurden.

■ *Wenn Sie die Alternative Methode nach IAS/IFRS anwenden, haben Sie im Gegensatz zum HGB die Möglichkeit eine Neubewertung zum fair value vorzunehmen, bei der Zuschreibungen auch über die fortgeführten Anschaffungskosten möglich sind.* ■

Wie funktioniert die Neubewertungsmethode?

Für die Neubewertung gibt es zwei Verfahren. Entweder kann sie nach der indirekten Methode (Bruttomethode) oder der direkten Methode (Nettomethode) erfolgen.

Bei der Bruttomethode passen Sie die kumulierten Abschreibungen proportional zur Änderung des Bruttobuchwertes an.

Nach der Nettomethode bewerten Sie den Nettobuchwert der Sachanlage, der sich aus der Differenz zwischen dem Bruttobuchwert und den unangepassten kumulierten Abschreibungen ergibt, neu.

Beispiel: Neubewertungsmethode

Anfang 2002 wurde eine Werkzeugmaschine mit einer Nutzungsdauer von 8 Jahren für 40.000 € angeschafft und linear abgeschrieben. Ende 2004 betragen die Wiederbeschaffungsneukosten der Maschine 50.000 €.

Bruttomethode (indirekte Methode der Neubewertung)

Der Restbuchwert der Maschine beträgt Ende 2004 25.000 €, die kumulierten Abschreibungen belaufen sich auf 15.000 €. Da der fair value um 25 % von 40.000 € auf 50.000 € gestiegen ist, sind die kumulierten Abschreibungen um 25 % anzupassen. Somit betragen die kumulierten Abschreibungen 18.750 € (15.000 € x 1,25). Die als fair value fortgeführten Wiederbeschaffungsneukosten der Maschine Ende 2004 sind mit 31.250 € (50.000 € - 18.750 €) anzusetzen. Es erfolgt eine Aufwertung um 6.250 €.

Nettomethode (direkte Methode der Neubewertung)

Die Nettomethode geht vom Buchwert, also 25.000 € aus und stellt diesen Buchwert einem direkt bestimmten fair value für eine vergleichbare Maschine gegenüber. Beträgt dieser z.B. 35.000 €, so würde eine Aufwertung um 10.000 € erfolgen.

Immaterielle Vermögensgegenstände

Immaterielle Vermögensgegenstände (IVG) sind Vermögenswerte, die körperlich nicht erfassbar sind. Hierzu gehören z. B. Software, Patente, Lizenzen, Urheberrechte usw.

Ob die IVG aktiviert werden hängt im Handelsrecht davon ab, wofür sie verwendet werden sollen. Planen Sie eine Eigennutzung (Zuordnung zum Anlagevermögen), besteht eine Aktivierungspflicht nur, wenn sie entgeltlich erworben wurden. Ansonsten besteht ein Aktivierungsverbot.

Planen Sie hingegen die IVG zu veräußern, besteht immer eine Aktivierungspflicht. Die IVG werden dann im Umlaufvermögen unter dem Posten "Vorräte" als fertiges oder unfertiges Erzeugnis ausgewiesen (z. B. im Auftrag gefertigte, aber noch nicht vom Auftraggeber abgenommene Software).

Zuordnung	**Anlagevermögen**	**Umlaufvermögen**
Selbst erstellte IVG	Aktivierungsverbot	Aktivierungspflicht
Entgeltlich erworbene IVG	Aktivierungspflicht	Aktivierungspflicht

Nach IAS 38 wird ein immaterieller Vermögenswert (intangible assets) als identifizierbarer, nicht monetärer Vermögenswert ohne physische Substanz definiert, der

- in der Produktion genutzt,
- bei Lieferung von Gütern oder Dienstleistungen, in der Verwaltung oder an Dritte vermietet

werden kann.

▪ *Im Gegensatz zum deutschen Bilanzrecht besteht gemäß IAS 38 sowohl für entgeltlich erworbene als auch für selbst hergestellte immaterielle Vermögenswerte eine Aktivierungspflicht.* ▪

Voraussetzung ist, dass die Anschaffungs- bzw. Herstellungskosten verlässlich ermittelt werden können und die immateriellen Vermögenswerte den wirtschaftlichen Nutzen des Unternehmens steigern.

Beispiel: Immaterielle Vermögenswerte

Die MFN AG hat ein neues Beschichtungsverfahren entwickelt und dafür ein Patent erhalten. Die aktivierungsfähigen Aufwendungen für das Verfahren betragen 3 Mio. €. Die MFN AG könnte das Patent für 5 Mio. € verkaufen. Nach HGB darf das selbst erstellte Patent des Anlagevermögens nicht aktiviert werden.

Bilanziert die MFN AG nach IFRS ist das Patent als immaterieller Vermögenswert des Anlagevermögens in Höhe der Herstellungskosten von 3 Mio. € zu aktivieren, da ein Vermögenswert vorliegt und ein wirtschaftlicher Nutzen zu erwarten ist. Dies bedeutet, wenn nach IFRS bilanziert wird, ist der ausgewiesene Gewinn um 3 Mio. € höher als bei einer Bilanzierung nach HGB.

Forschungs- und Entwicklungskosten

Im Handelsrecht ist die Aktivierung von Forschungs- und Entwicklungskosten (F&E-Kosten) wie folgt geregelt:

Forschungskosten	Aktivierungsverbot
Entwicklungskosten für neue Produkte	Aktivierungsverbot
Weiterentwicklungskosten bestehender Produkte	Aktivierungswahlrecht

Das Aktivierungsverbot für Forschungs- und Entwicklungskosten neuer Produkte lässt sich mit dem Vorsichtsprinzip erklären.

Wie werden die F&E-Kosten nach IAS/IFRS behandelt?

Forschungskosten dürfen auch nach IAS/IFRS generell nicht aktiviert werden. Entwicklungskosten für Erzeugnisse und Verfahren hingegen müssen Sie unter bestimmten Voraussetzungen sogar aktivieren – nämlich dann, wenn sie als Vermögenswerte angesehen werden. Voraussetzung ist, dass sie alle in der folgenden Übersicht dargestellten Kriterien erfüllen.

Entwicklungskosten – Postenspezifische Kriterien	
Kriterium	Inhalt
Technische Realisierbarkeit	Entwicklung verstößt nicht gegen Naturgesetze.
Absicht der Entwicklung	Das Unternehmen will den Vermögenswert nutzen oder veräußern, und deshalb die Entwicklung vollenden.
Fähigkeit zur Nutzung oder zum Verkauf	Das Produkt passt in das bestehende Produktions- und Absatzprogramm. Entsprechende Kapazitäten sind vorhanden oder beschaffbar.
Zukünftiger wirtschaftlicher Nutzen	Eine entsprechende Nachfrage für das Produkt liegt vor. Mittelzuflüsse sind wahrscheinlich.
Fähigkeit zur Vollendung	Das Unternehmen verfügt über finanzielle, personelle, technische und sonstige Mittel, um die Entwicklung abschließen zu können.
Bestimmung der Aufwendungen	Die Kosten der Entwicklung lassen sich zuverlässig ermitteln.
bei Erfüllung:	Ansatzpflicht
ansonsten:	Ansatzverbot

Da diese Kriterien zum Teil schwer einschätzbar sind, besteht hinsichtlich der Aktivierung von Entwicklungsaufwendungen nach IAS/IFRS ein großer bilanzpolitischer Gestaltungsspielraum. Dies trifft vor allem auf das Kriterium der technischen Realisierbarkeit zu.

▪ *Da die Kriterien, nach denen Entwicklungskosten aktiviert werden können, viel Auslegungsspielraum lassen, kann man bei IAS/IFRS von einem faktischen Aktivierungswahlrecht sprechen.* ▪

Sehen Sie dazu folgendes Beispiel:

Beispiel: Auslegungsspielraum bei Entwicklungskosten

Ein Automobilzulieferer entwickelt ein neues dynamisches Lenksystem. Die F&E-Aufwendungen der Jahre 2002, 2003 und 2004 belaufen sich jährlich auf jeweils 250 T€. Im Jahr 2002 handelte es sich ausschließlich um Forschungskosten und in den Jahren 2003 und 2004 um Entwicklungskosten. Nach HGB besteht keine Möglichkeit diese Aufwendungen zu aktivieren.

Nach IAS/IFRS bestehen folgende Möglichkeiten:

Das Unternehmen kann wie nach HGB die gesamten 750 T€ mit der Begründung als Aufwand erfassen, dass keine klare Trennung zwischen Forschungs- und Entwicklungskosten möglich ist.

Kann der Automobilzulieferer klar zwischen Forschungs- und Entwicklungsaufwendungen trennen, werden die Aufwendungen in den Jahren 2003 und 2004 mit insgesamt 500 T€ aktiviert und über die Nutzungsdauer abgeschrieben.

Wie werden aktivierte Entwicklungskosten abgeschrieben?

Die aktivierten Entwicklungskosten sind planmäßig so abzuschreiben, dass die Abschreibung dem tatsächlichen Nutzungsverlauf entspricht. Nach IAS 38.79 soll eine Abschreibungsdauer von 20 Jahren nicht überschritten werden, da eine längere Nutzungsdauer nicht zuverlässig berechnet werden kann.

Eine außerplanmäßige Abschreibung ist nur notwendig, wenn die zukünftig zu erwartenden Erträge aus den aktivierten Entwicklungsaufwendungen unter deren Buchwert sinken.

Firmenwert (Goodwill)

Beim Firmenwert muss zwischen dem selbst geschaffenen (originären) und dem entgeltlich erworbenen (derivativen) Firmenwert unterschieden werden. Für den originären Firmenwert besteht sowohl nach HGB als auch nach IAS/IFRS ein striktes Aktivierungsverbot. Dagegen besteht für den derivativen Firmenwert nach HGB ein Aktivierungswahlrecht, nach IAS/IFRS hingegen ein Aktivierungsgebot.

Den derivativen Firmenwert (Goodwill) können Sie folgendermaßen berechnen:

$$\text{Goodwill} = \text{Kaufpreis} - \left(\begin{matrix}\text{Zeitwert des}\\ \text{Vermögens}\end{matrix} - \begin{matrix}\text{Zeitwert der}\\ \text{Schulden}\end{matrix}\right)$$

Beispiel: Berechnung des Goodwills

Die ABC AG kauft die XY GmbH für 10 Mio. €. Der Zeitwert des Vermögens der XY GmbH beträgt 12 Mio. € und die Schulden belaufen sich auf 5 Mio. €. Somit ergibt sich ein Goodwill von 3 Mio. €.

Wie wird der Goodwill nach IAS/IFRS behandelt?

Zunächst ermitteln Sie den Goodwill unter Berücksichtigung von latenten Steuern. Das folgende Beispiel zeigt Ihnen, wie Sie vorgehen müssen:

Beispiel: Goodwill und latente Steuern

Ein Unternehmen (AV: 450 T €, IVG: 50 T €, UV: 400 T €, EK: 300 T €, Verbindlichkeiten: 600 T €) wurde für 900 T€ gekauft. Der Unternehmenssteuersatz beträgt 40 %. Zunächst werden die Daten für die Fair-Value-Bilanz des akquirierten Unternehmens ermittelt.

	Kosten der Firmenübernahme	900 T€
-	Eigenkapital vor der Akquisition	- 300 T€
=	**Kaufpreisüberschuss (1)**	**= 600 T€**
	Fair Value Anpassung Umlaufvermögen (UV)	- 100 T€
	Fair Value Anpassung Anlagevermögen (AV)	- 100 T€
	Fair Value Anpassung immaterielle Vermögenswerte	- 250 T€
	Fair Value Anpassung insgesamt	**- 450 T€**
+	Enthaltene latente Steuern (40 % fair value Anpassung)	+ 180 T€
=	**Fair Value Anpassung nach Steuern (2)**	**- 270 T€**
	Verbleibender Goodwill = (1) – (2)	**= 330 T€**

Die Fair Value-Bilanz des akquirierten Unternehmens sieht wie folgt aus:

Aktiva	**Fair Value-Bilanz**		Passiva
Umlaufvermögen (UV)	400 + 100	Verbindlichkeiten	600
Anlagevermögen (AV)	450 + 100	Latente Steuern	180
Immat. Vermögenswerte	50 + 250	Eigenkapital (EK)	900
Goodwill	0 + 330		
	1.680 T€		1.680 T€

Der aktivierte Goodwill wird in den folgenden Jahren nicht wie nach HGB planmäßig über seine Nutzungsdauer abgeschrieben, stattdessen prüfen Sie mindestens einmal jährlich im Rahmen eines Impairment Tests (Niederstwerttest), ob eine Wertminderung vorliegt.

Liegt eine Wertminderung vor, müssen Sie eine außerplanmäßige Abschreibung auf den Goodwill in Höhe der Differenz des bisherigen Buchwertes und des ermittelten Zeitwerts des Goodwills vornehmen. Ansonsten besteht ein Abschreibungsverbot.

Im Falle einer späteren Werterhöhung des Goodwills, ist eine Zuschreibung unzulässig.

Der Wertmaßstab für den Impairment Test ist der „erzielbare Betrag". Falls ein Marktpreis weder ermittelt noch geschätzt werden kann, wird er aus den künftigen diskontierten Cashflows bestimmt.

Zur Erinnerung: Der erzielbare Betrag (recoverable amount) ist der höhere Wert aus dem Nettoveräußerungspreis (net selling price) und dem Nutzwert (value in use).

Der net selling price setzt sich aus dem Veräußerungspreis abzüglich der Veräußerungskosten zusammen. Der value in use entspricht dem Barwert der Cashflows aus der künftigen Nutzung.

Die Neuregelung bzgl. des Wegfalls der planmäßigen Abschreibung bietet aufgrund der Vielzahl von subjektiven Elementen in der Bewertung eines Goodwills erhebliches bilanzpolitisches Gestaltungspotenzial.

Die nächste Tabelle gibt Ihnen einen kritischen Überblick über die Neuregelung der Goodwillabschreibung nach IAS/IFRS mit den damit verbundenen Vor- und Nachteilen.

Vorteile	Nachteile
Es ist ein höherer Gewinnausweis möglich, da es keine planmäßigen Abschreibungen mehr gibt.	Bilanzpolitischer Spielraum für das Management wird erhöht, dies widerspricht dem Grundsatz des true and fair view Prinzips.
Der Goodwill kann marktgerechter bewertet werden.	Traditionelle Ergebnisgrößen verlieren an Bedeutung.
Kein Problem mehr mit der Nutzungsdauereinschätzung des Goodwills.	Durch außerplanmäßige Abschreibungen sprunghafte Veränderung des Erfolgsausweises.
Verstärkte Beachtung der immateriellen Vermögenswerte im Rahmen einer Unternehmensakquisition.	Weniger Kontinuität in der Rechnungslegung durch außerplanmäßige Abschreibungen.
Das Management hat eine höhere Verantwortung.	Es besteht eventuell die Möglichkeit den originären Goodwill zu aktivieren.

Folgebewertung bei immateriellen Vermögenswerten

Handelsrechtlich sind Abschreibungen für immaterielle Vermögensgegenstände des Anlagevermögens so zu verrechnen, dass sie planmäßig auf die Nutzungsjahre verteilt werden. Außerplanmäßige Abschreibungen auf den beizulegenden

Wert dürfen Sie bei vorübergehender und müssen Sie bei dauernder Wertminderung vornehmen.

Gemäß IAS/IFRS hat die Folgebewertung der immateriellen Vermögenswerte grundsätzlich zu fortgeführten Anschaffungs- oder Herstellungskosten zu erfolgen. In der Regel wird die Benchmark Methode angewandt.

Es besteht zwar theoretisch auch die Möglichkeit die Neubewertungsmethode anzuwenden, praktisch kommt dieses Verfahren jedoch bei immateriellen Vermögenswerten aufgrund des häufig nicht vorhandenen „aktiven Marktes" nicht in Frage.

Bei vielen Vermögenswerten lässt sich ein individueller Ertragswert nicht ermitteln, da sie nicht unabhängig von anderen Vermögenswerten Erträge generieren können. Ausnahmen wären z. B. übertragbare Taxi-, Fischereilizenzen oder Produktionsquoten.

Wie immaterielle Vermögenswerte bei IAS/IFRS abzuschreiben sind, zeigt Ihnen das folgende Schema.

Abschreibungen von immateriellen Vermögenswerten	
planmäßig	außerplanmäßig
Verfahren: grundsätzlich linear; Nutzungsdauer: grundsätzlich nicht länger als 20 Jahre	erzielbarer Betrag < Buchwert → Abschreibungspflicht

Sachanlagevermögen

Nach § 247 Abs. 2 HGB besteht Aktivierungspflicht für Sachanlagen (alle materiellen Vermögensgegenstände), die dazu bestimmt sind, dem Geschäftsbetrieb dauernd zu dienen.

Dasselbe gilt für die property, plant and equipment nach IAS, die weitgehend der Postengruppe „Sachanlagen" nach HGB entsprechen. Sie umfassen alle assets, die

- dem Unternehmen zur Herstellung oder Lieferung von Waren und Dienstleistungen oder
- zur Vermietung an Dritte oder
- zu Verwaltungszwecken zur Verfügung stehen und
- die länger als eine Abrechnungsperiode genutzt werden (IAS 16).

Zum Vergleich sehen Sie bitte die folgende Tabelle:

Sachanlagen	**Property, Plant and Equipment**
HGB	**IAS/IFRS**
– Grundstücke, grundstücksgleiche Rechte und Bauten einschließlich Bauten auf fremden Grundstücken – Technische Anlagen und Maschinen – Andere Anlagen, Betriebs- u. Geschäftsausstattung – Geleistete Anzahlungen und Anlagen in Bau	– Unbebaute Grundstücke – Grundstücke und Gebäude – Maschinen und technische Anlagen – Schiffe – Flugzeuge – Kraftfahrzeuge – Betriebsausstattung – Geschäftsausstattung

Bewertung von Sachanlagen

Vermögensgegenstände und assets werden einzeln bewertet. Das Handelsrecht erlaubt zusätzlich einen Festwertansatz (die Vermögensgegenstände müssen nur alle 3 Jahre bei der Inventur aufgenommen und bewertet werden), wenn

- die Gegenstände regelmäßig ersetzt werden,
- der Bestand im Wesentlichen unverändert bleibt und
- der Vermögensgegenstand für das Unternehmen unbedeutend ist.

Dies trifft oft bei der Betriebs- und Geschäftsausstattung zu.

Die Bewertungsobergrenze für Sachanlagen bilden grundsätzlich die Anschaffungs- oder Herstellungskosten. Im Falle eines qualifying assets (Vermögenswert, der erst nach längerer Zeit betriebsbereit ist) sehen die IAS/IFRS ein Wahlrecht zur Aktivierung der Finanzierungskosten vor.

Was gehört zu den Anschaffungskosten nach IAS/IFRS?

Die Anschaffungskosten nach IAS/IFRS setzen sich folgendermaßen zusammen:

	Anschaffungspreis
+	Anschaffungsnebenkosten
+	nachträgliche Anschaffungskosten
-	Anschaffungspreisminderungen
+	zurechenbare Fremdkapitalzinsen, falls qualifying asset (hier besteht ein Wahlrecht!)
=	**Anschaffungskosten**

Wie unterscheiden sich die Herstellungskosten?

Die folgende Übersicht zeigt Ihnen die Unterschiede zwischen HGB und IAS/IFRS in der Bewertung der Herstellungskosten:

	HGB	**IAS/IFRS**
Pflicht	Einzelkosten (Teilkosten)	Einzel- und Gemeinkosten (Vollkosten)
Wahlrecht	Zurechenbare Gemeinkosten	Fremdkapitalzinsen (wenn qualifying asset)
Verbot	Vertriebskosten, Entwicklungs- und Forschungskosten	Vertriebskosten und Forschungskosten

Beispiel: Herstellungskosten

Der Pizzaofen bei der Pizza & Pasta AG ist schon heute voll ausgelastet und außerdem bereits abgeschrieben, daher entschließt sich die Geschäftsführung, einen neuen Ofen anzuschaffen. Man entscheidet sich für einen neuartigen Großbackofen "Vulkanomat" (Nutzungsdauer = 10 Jahre). Da der Ofen erst in einem Jahr einsatzbereit sein muss, wird er als Bausatz bestellt.

Die am 01.02.03 gelieferten Einzelteile kosten 30.000 €. Die Kosten für die Fertigstellung betragen 5.000 €. Die zurechenbaren Material-, Fertigungs- und Verwaltungsgemeinkosten betragen 1.500 €. Für die Anschaffung wird ein Kredit aufgenommen. Die Fremdkapitalzinsen summieren sich bis zur Fertigstellung auf 2.000 €.

Der Großaktionär Herr Calzone hat vor, einen großen Teil seiner Anteile an der AG im nächsten Jahr zu verkaufen und setzt daher bei den Herstellungskosten des Vulkanomats nur Pflichtkosten an. Die zukünftigen planmäßigen Abschreibungen sind somit geringer und er kann dann im folgenden Geschäftsjahr einen höheren Gewinn ausweisen.

Wie setzen sich die Herstellungskosten bei der Bilanzerstellung zum 31.12.03 nach HGB und IAS/IFRS zusammen?

Ergebnis

	HGB	IAS/IFRS
Materialeinzelkosten	30.000 €	30.000 €
+ Fertigungseinzelkosten	5.000 €	5.000 €
+ Materialgemeinkosten + Fertigungsgemeinkosten + Verwaltungsgemeinkosten	Wahlrecht	1.500 €
+ planmäßige Abschreibungen	Wahlrecht	3.650 €
+ Fremdkapitalzinsen (bis zur Fertigstellung des Ofens)	Wahlrecht	Wahlrecht
+ Vertriebskosten	Verbot	Verbot
= Herstellungskosten	**35.000 €**	**40.150 €**

Die Berechnung der Herstellungskosten mit den Pflichtansätzen führt zu einer Differenzspanne von 5.150 €. Dies entspricht vom niedrigsten zum höchsten Wert einer Differenz von mehr als 10 %! Dadurch entstehen Vermögensunterschiede und zukünftig auch unterschiedlich hohe (erfolgswirksame) Abschreibungsbeträge.

Abschreibungen

Die Sachanlagen sind im Rahmen der Folgebewertung planmäßig und außerplanmäßig abzuschreiben. Die Höhe der Abschreibung einer Periode wird – neben dem Ausgangswert – im Wesentlichen von den Abschreibungsverfahren und der Nutzungsdauer bestimmt.

Nach HGB (§ 253 Abs. 2 HGB) sind die abnutzbaren Gegenstände über ihre voraussichtliche Nutzungsdauer planmäßig abzuschreiben. In der Praxis werden hierfür die steuerlich vorgegebenen AfA-Tabellen benützt. Zusätzliche steuerrechtliche Abschreibungen sind nach HGB aufgrund der umgekehrten Maßgeblichkeit im Vergleich zu IAS/IFRS möglich. Gegenstände, deren Nutzung nicht zeitlich beschränkt ist (Grundstücke, geleistete Anzahlungen und Anlagen im Bau), unterliegen keiner planmäßigen Abschreibung.

■ *Bei IAS/IFRS erfolgt die Abschreibung entsprechend der erwarteten wirtschaftlichen Nutzungsdauer, die unternehmensindividuell geschätzt wird.* ■

Nutzungsdauer und Abschreibungsmethode sind nach IAS/IFRS periodisch zu überprüfen und gegebenenfalls anzupassen. Abschreibungswahlrechte sehen die IAS/IFRS nicht vor.

Wenn Sie vom HGB-Abschluss auf den IAS/IFRS-Abschluss umstellen, können z. B. aufgrund des Wechsels von der degressiven AfA (HGB) auf die lineare AfA mit der neu geschätzten Nutzungsdauer (IAS/IFRS) erhebliche Mehrvermögen in der Bilanz entstehen.

Nach IAS 16 ist zwar eine Sofortabschreibung von geringwertigen Vermögenswerten nicht explizit erwähnt, aber sie kann aufgrund des im Framework erwähnten Wesentlichkeitsgrundsatzes vorgenommen werden.

Folgende Abschreibungsverfahren können Sie anwenden:

Planmäßige Abschreibungen	
HGB	**IAS/IFRS**
Lineare AfA	Straight-line method
Geometrisch-degressive AfA	Diminishing balance method
Arithmetisch-degressive AfA	-
Leistungsabschreibung	Sum-of-the-units method

Außerplanmäßige Abschreibungen

Falls der beizulegende Wert den Buchwert des Vermögensgegenstands unterschreitet, müssen Sie nach HGB außerplanmäßige Abschreibungen vornehmen.

Nach IAS/IFRS müssen Sie an jedem Bilanzstichtag mit dem Niederstwerttest (impairment test) prüfen, ob ein Anhaltspunkt dafür vorliegt, dass ein Vermögenswert wertgemindert sein kann.

Wann erfolgen Zuschreibungen?

Die Gründe, die für eine außerplanmäßige Abschreibung maßgeblich waren, können im Nachhinein wieder entfallen. Es kann eine Wertsteigerung stattfinden – eine so genannte Wertaufholung. Die Wertaufholungspflicht nach IAS kann entweder mit dem benchmark treatment oder dem allowed alternative treatment erfüllt werden. Wenden Sie das benchmark treatment an, entsprechen die Voraussetzungen für eine Zuschreibung denen nach HGB.

Danach besteht eine Zuschreibungspflicht

- nur nach vorheriger außerplanmäßiger Abschreibung, und
- wenn der recoverable amount (erzielbarer Betrag) höher als der aktuelle Buchwert ist.

Der maximale Zuschreibungsbetrag entspricht den fortgeführten historical costs.

Im Rahmen der alternativ zulässigen Methode (allowed alternative treatment) können Sie Zuschreibungen über den Buchwert vornehmen, auch wenn keine vorhergehende außerplanmäßige Abschreibung erfolgt ist. Es findet eine Neubewertung der Sachanlagen statt.

Entscheiden Sie sich für die Neubewertungsmethode, müssen Sie in regelmäßigen Zeitabständen Neubewertungen vornehmen.

▪ *Die Neubewertungsmethode darf nicht auf einzelne Posten der Sachanlagen beschränkt werden, sondern muss eine gesamte Gruppe, wie z. B. sämtliche Maschinen oder Fahrzeuge, umfassen.* ▪

Ist bei einer Neubewertung der fair value (Marktwert) höher als der Buchwert, kann dieser angesetzt werden. Als alternativer Wertmaßstab kommen die Wiederbeschaffungskosten in Betracht.

Zuschreibungen durch die Neubewertungsmethode erfolgen jedoch nicht über die GuV-Rechnung, sondern direkt über eine spezielle Rücklage im Eigenkapital, die als Neubewertungsrücklage (revaluation surplus) bezeichnet wird. Dadurch ergibt sich kein Ertrag, die Zuschreibung ist erfolgsneutral.

Die folgende Tabelle zeigt den Unterschied zwischen HGB und IAS/IFRS bei der Wertaufholung (Zuschreibung):

HGB	IAS/IFRS
Zuschreibungspflicht für Kapitalgesellschaften (Wertaufholungsgebot) Beibehaltungswahlrecht für alle Kaufleute	Zuschreibungspflicht (max. fortgeführte AK/HK = benchmark treatment) erfolgswirksam als Ertrag in der GuV Allowed alternative treatment: Neubewertung zum fair value (mit Rücklage), d. h. Rückgängigmachung der außerplanmäßigen Abschreibung (Zuschreibung) zu Gunsten der Neubewertungsrücklage

Beispiel: Folgebewertung

Im Jahr 2000 hat die Pizza & Pasta AG am Anfang des Jahres eine Nudelmaschine zu Anschaffungskosten von 100.000 € erworben, um den gestiegenen Bedarf an Nudelgerichten zu decken. Die Nudelmaschine wird linear über eine Nutzungsdauer von 10 Jahren abgeschrieben.

Der Trend zur gesundheitsbewussten Ernährung führt im Jahr 2003 dazu, dass die Nachfrage nach italienischen Nudelgerichten rapide sinkt, während sich asiatische Fast Food Ketten neuerdings vor Gästen kaum retten können. Der Wert der Nudelmaschine fällt daher auf 40.000 €. Im Jahr 2004 hat sich der Geschmack der Bürger wieder gewandelt und die Nachfrage nach italienischen Pastagerichten ist sprunghaft gewachsen. Der Marktwert der Nudelmaschine steigt auf 120.000 €.

Buchhalter Toni soll die Bilanz der Pizza & Pasta AG für das Jahr 2003 erstellen. Er ist sich dabei nicht sicher, ob es sich bei dem Umschwung von Nudelgerichten auf asiatisches Fast Food nur um einen vorübergehenden Geschmackswechsel handelt. Toni erstellt den Jahresabschluss nach den Rechnungslegungssystemen HGB und IAS/IFRS. Mit welchem Wert muss er die Nudelmaschine 2003 ansetzen?

Lösung:

Abschreibungsbetrag: 100.000 € : 10 Jahre = 10.000 €

31.12.2000: 100.000 € – 10.000 € = 90.000 € (volle Jahres-AfA, da Anschaffung im 1. Halbjahr)
31.12.2001: 90.000 € – 10.000 € = 80.000 €
31.12.2002: 80.000 € – 10.000 € = 70.000 €
31.12.2003: außerplanmäßige Abschreibung auf 40.000 €?

HGB	IAS/IFRS
keine dauernde Wertminderung Verbot für Kapitalgesellschaften, außerplanmäßig abzuschreiben	außerplanmäßige Abschreibung auf recoverable amount. Abschreibungspflicht unabhängig von der Dauer der Wertminderung
70.000 € – 10.000 € = 60.000 €	außerplanmäßige Abschreibung auf 40.000 €

Anmerkungen:

Der Grund für die außerplanmäßige Abschreibung sind: „sinkende Absatzzahlen der Produkte einer Spezialmaschine".

Recoverable amount (= erzielbarer Betrag, höherer Wert aus Nettoveräußerungspreis oder Nutzwert, hier einheitlich 40.000 €)

Fair value (= Einzelveräußerungspreis, vom Absatzmarkt hergeleitet bzw. Wiederbeschaffungskosten, hier 40.000 €)

Mit welchem Wert muss Toni die Nudelmaschine im Jahr 2004 ansetzen?

HGB	IAS
Keine Zuschreibung, da vorher keine außerplanmäßige sondern nur planmäßige Abschreibung erfolgte.	**Benchmark treatment**: Zuschreibungspflicht – max. fortgeführte Anschaffungskosten
60.000 – 10.000 = 50.000 €	Zuschreibung auf 50.000 €

■ *Nach IAS/IFRS haben Sie die Möglichkeit, die Nutzungsdauer der Vermögenswerte neu zu bestimmen, d.h. die Abschreibungsdauer der tatsächlichen wirtschaftlichen Nutzung anzupassen.* ■

Dies bedeutet, dass Sie sich zwar an den steuerlichen AfA-Tabellen orientieren können, diese aber nicht anwenden müssen. In der Regel wird dies dazu führen, dass sich die Nutzungsdauer verlängert und sich somit der Vermögensausweis erhöht.

Insofern räumt Ihnen die Neubewertungsmethode (allowed alternative treatment) einen erheblichen bilanzpolitischen Spielraum ein.

Finanzvermögen

Zum Finanzvermögen zählen beim Anlagevermögen die Finanzanlagen und beim Umlaufvermögen die Wertpapiere, die Forderungen, die sonstigen Vermögensgegenstände sowie die liquiden Mittel.

Finanzanlagen sind Investitionen in fremde Unternehmen oder langfristige Ausleihungen von Geld an fremde Unternehmen.

HGB-Bewertung des Finanzvermögens

Finanzanlagen, die dauernd dem Betrieb dienen, sind mit ihren Anschaffungskosten, die gleichzeitig die Obergrenze bilden, zu aktivieren. Bei vorübergehenden Wertminderungen besteht ein Abwertungswahlrecht, bei dauernder Wertminderung ist hingegen eine Abschreibung auf den niedrigeren beizulegenden Wert zwingend vorgeschrieben.

Fällt die Wertminderung weg, besteht ein faktisches Zuschreibungswahlrecht. Für Finanzanlagen des Umlaufvermögens gilt das strenge Niederstwertprinzip.

Finanzanlagen nach IAS/IFRS

Nach IAS/IFRS sind langfristige Finanzanlagen (long-term investments) langfristige Vermögenswerte, die der künftigen Erzielung von Erträgen, Wertsteigerungen oder sonstigen Vorteilen dienen.

Welche langfristigen Finanzanlagen gibt es?

Wenn Sie langfristige Finanzanlagen im Rahmen des Anlagevermögens nach IAS/IFRS ausweisen, sollten Sie sie zumindest in die drei nachfolgenden Posten untergliedern:

- Investments in subsidiaries (Anteile an Tochterunternehmen)
- Investments in associates (Anteile an assoziierten Unternehmen)
- Other long-term investments (andere langfristige Finanzanlagen)

Im Wesentlichen können Sie die „investments in subsidiaries" mit den „Anteilen an verbundenen Unternehmen" gemäß HGB gleichsetzen. Von investments in subsidiaries können Sie ausgehen, wenn Ihr Unternehmen mehr als 50 % der Anteile am Kapital eines anderen Unternehmens besitzt.

Der Posten „investments in associates" entspricht in etwa dem handelsrechtlichen Posten „Beteiligungen". Es handelt sich nach IAS 28.3 dann um ein assoziiertes Unternehmen, wenn

- der Anteilseigener die Möglichkeit hat, einen maßgeblichen Einfluss auf die Finanz- und Geschäftspolitik des Beteiligungsunternehmens auszuüben und
- dieses Beteiligungsunternehmen für den Anteilseigner weder eine Tochtergesellschaft noch ein Joint Venture ist.

Der Einfluss gilt dann als maßgeblich, wenn das am gezeichneten Kapital beteiligte Unternehmen über mindestens 20 % der Stimmrechte verfügt.

Zu den „other long-term investments" gehören alle übrigen Finanzanlagen, wie Wertpapiere des Anlagevermögens und langfristige finanzielle Forderungen.

Die einzelnen Positionen des Finanzanlagevermögens sind nach IAS/IFRS im Zugangszeitpunkt mit ihren Anschaffungskosten zu aktivieren. Allerdings stellen die Anschaffungskosten bei Folgebilanzen im Gegensatz zum deutschen Recht nicht zwingend die wertmäßige Obergrenze der Finanzanlage dar. Dies wird besonders deutlich, wenn Sie die Wertpapiere des Anlagevermögens bewerten.

Die Wertpapierkategorien nach IAS/IFRS

Es werden nach IAS 39 folgende Wertpapierkategorien unterschieden:

- Trading securities (zu Handelszwecken bestimmte Wertpapiere)
- Held-to-maturity securities (Wertpapiere, die bis zur Endfälligkeit gehalten werden sollen)
- Available-for-sale securities (Wertpapiere, die verkauft werden können)
- Loans and receivables originated by the enterprise (vom Unternehmen gewährte Kredite und Zahlungsziele)

Trading securities sind Wertpapiere, die nur kurzfristig im Unternehmen verbleiben sollen. Sie dienen Handelszwecken und gehören zum Umlaufvermögen. Da mit Kurssteigerungen gerechnet wird, ist davon auszugehen, dass sie in der nächsten Zukunft veräußert werden.

Wertpapiere der Kategorie held-to-maturity securities sind Gläubigerpapiere, die bis zur Fälligkeit gehalten werden. Sie gehören daher zum Anlagevermögen. Typische Wertpapiere dieser Kategorie sind Industrieobligationen mit festen Zinsen oder Bundesschatzbriefe vom Typ A sowie abgezinste Wertpapiere (z. B. Zero-Bonds).

Wertpapiere, die weder trading securities noch held-to-maturity security sind, gehören zur Kategorie available-for-sale securities. Hierbei kann es sich um Teilhaberpapiere oder Gläubigerpapiere handeln. Sie können als verfügbare Wertpapiere (zum Verkauf) betrachtet werden, sodass sie – abhängig von der Anlagestrategie – entweder dem Anlage- oder Umlaufvermögen zugeordnet werden.

In der folgenden Tabelle sehen Sie, wie die finanziellen Vermögenswerte nach IAS 39 bzw. HGB klassifiziert werden.

	Trading securities	Held-to-maturity securities	Available-for-sale securities	Loans and receivables originated by the enterprise
Wertpapiere Umlaufverm.	x		x	
Ausleihungen		x	x	x
Wertpapiere Anlageverm.		x	x	x
Forderungen aus Lieferungen und Leistungen				x

Bewertung nach IAS/IFRS

Bewerten Sie alle Wertpapiere zunächst mit ihren Anschaffungskosten. Hierzu zählen neben dem Anschaffungspreis auch die direkt zurechenbaren Nebenkosten wie z. B. Bankgebühren.

▪ *Da Wertpapiere keiner planmäßigen Wertminderung unterliegen, kommen nur außerplanmäßige Abschreibungen bzw. Zuschreibungen in Betracht.* ▪

Die Folgebewertung hängt von der jeweiligen Wertpapierkategorie ab. Bei den trading securities nehmen Sie die Folgebewertung zum fair value vor. Der beizulegende Zeitwert ist bei Wertpapieren der Kurswert. Aus Kursänderungen resultierende Gewinne bzw. Verluste verbuchen Sie erfolgswirksam.

Die Folgebewertung der available-for-sale securities erfolgt ebenfalls zum fair value. Werden die available-for-sale securities neu bewertet, kann ihr Wert nach IAS/IFRS auch über den Anschaffungskosten liegen. Dies ist nach HGB nicht zulässig, da hier die historischen Anschaffungskosten die Bewertungsobergrenze darstellen.

Die nötige Zuschreibung können Sie gemäß IAS 39 entweder in der entsprechenden Periode erfolgswirksam erfassen oder sie kann erfolgsneutral in eine Neubewertungsrücklage (revaluation surplus) im Rahmen des Eigenkapitals eingehen. Sie müssen aber die einmal gewählte Methode beibehalten.

Erfolgsneutral können Sie Verluste nur behandeln, wenn keine dauernde Wertminderung stattfindet. Dauernde Verluste müssen Sie erfolgswirksam berücksichtigen, wenn sie eine eventuell vorher gebildete Neubewertungsrücklage (revaluation surplus) übersteigen.

So gehen Sie bei Wertminderungen vor

Gehen Sie bei Wertminderungen folgendermaßen vor:

- Bilden Sie bei einer vorübergehenden Wertminderung eine negative Rücklage,
- berücksichtigen Sie eine dauernde Wertminderung als Aufwand.

Bei späteren Zuschreibungen bilden Sie wieder Rücklagen. Beachten Sie hierbei, dass bei einer dauernden Wertminderung der zuvor als Aufwand verrechnete Betrag erfolgswirksam zuzuschreiben ist. Der übersteigende Betrag wird in die Rücklage eingestellt. Sehen Sie dazu folgende Übersicht (sind keine positiven Rücklagen vorhanden, entfällt der erste Schritt):

Bewertung von available-for-sale securities	
Vorübergehende Wertminderung	**Dauernde Wertminderung**
1. Auflösung der positiven Rücklage	1. Auflösung der positiven Rücklage
2. Bildung einer negativen Rücklage	2. Mehrbetrag: Aufwand
Spätere Zuschreibungen	
1. Minderung der negativen Rücklage	1. Erfolgswirksam: Vorheriger Aufwand
2. Bildung einer positiven Rücklage	2. Bildung einer positiven Rücklage

Die held-to-maturity securities mit einer festen Laufzeit werden in der Regel mit den fortgeführten Anschaffungskosten (amortized costs) nach der Effektivzinsmethode bewertet.

Haben finanzielle Vermögenswerte keine feste Restlaufzeit und kann der fair value nicht zuverlässig bestimmt werden, erfolgt hingegen eine Bewertung zu Anschaffungskosten.

Anders verhält es sich dagegen bei abgezinsten Wertpapieren (Zero-Bonds), deren Wert im Ablauf durch die Zinsen wächst. Die Zinsen, die im Laufe der Zeit bei Zero-Bonds entstehen, werden erfolgswirksam verrechnet; insoweit steigt der Buchwert des Wertpapiers an.

Eine außerplanmäßige Abschreibung wird notwendig, wenn Hinweise darauf bestehen, dass der Schuldner zahlungsunfähig ist (IAS 39.111). Wohingegen Kursänderungen, die allein vom Markt bestimmt werden, keine Abschreibungsursache darstellen.

▪ *Bei den available-for-sale securities dürfen unrealisierte Kursgewinne und vorübergehende Verluste erfolgsneutral, aber auch direkt erfolgswirksam verrechnet werden.* ▪

Die Bewertungsmöglichkeiten im Vergleich

Die folgende Übersicht zeigt, wie die Wertpapiere zu bewerten sind. Wie oben erläutert, ist dies abhängig davon, zu welcher Kategorie die jeweiligen Wertpapiere gezählt werden:

	Trading	**Available-for-sale**	**Held-to-maturity**
Ausgangswert	Anschaffungskosten inklusiv Anschaffungsnebenkosten		
Folgebewertung	fair value	fair value	amortised cost
Zuschreibung	Gebot	Gebot	Gebot
Gewinn	erfolgswirksam	erfolgsneutral oder erfolgswirksam	erfolgswirksam
Verlust	erfolgswirksam	vorübergehender Verlust: → erfolgsneutral oder erfolgswirksam, dauerhafter Verlust: → erfolgswirksam	erfolgswirksam

Beispiel: Bewertung von Wertpapieren

Wertpapier X: Kauf von 2.000 Stück am 15.09.2003 zum Preis von 100 €, Marktwert am 31.12.2003: 120 €, Verkauf von 2.000 Stück am 30.03.2004 zum Kurs von 130 €.

Nachfolgend sehen Sie die unterschiedliche bilanzielle Erfassung nach HGB und IAS/IFRS.

Beachten Sie: Die IAS/IFRS Wertpapiere der available-for-sale Kategorie müssen zum fair value am Bilanzstichtag bewertet werden. Hier besteht bei IAS/IFRS ein Wahlrecht zwischen erfolgsneutraler und erfolgswirksamer Erfassung.

Die erfolgsneutrale Neubewertungsrücklage wird im Zeitpunkt der Veräußerung erfolgswirksam aufgelöst und somit Bestandteil des laufenden Ergebnisses. Der noch nicht realisierte Gewinn wurde am 31.12.03 in Höhe von 40.000 € erfolgsneutral in die Rücklage eingestellt und zum Zeitpunkt der Veräußerung erfolgswirksam (Gewinn erhöhend) aufgelöst.

	IAS/IFRS	HGB
Bilanzielle Erfassung des Kaufs: Wertpapier X an Bank	 200.000 200.000	 200.000 200.000
Bilanzierung am 31.12.2003 Wertpapier X an Neubewertungsrücklage	 40.000 40.000	 0 0
	IAS/IFRS	**HGB**
Verkauf Wertpapier X: Bank Neubewertungsrücklage. an Wertpapier X Gewinn	 260.000 40.000 240.000 60.000	 260.000 0 200.000 60.000

Resümee: Bedeutung der available-for-sale securities

Die available-for-sale securities haben eine große Bedeutung, da sie alle finanziellen Vermögenswerte aufnehmen, bei denen

- weder eine Handelsabsicht besteht,
- noch die Voraussetzungen, sie als als held-to-maturity zu klassifizieren, vorliegen.

Gemäß IAS 39.103b besteht ein Wahlrecht bezüglich der erfolgswirksamen Veränderung des fair value bei den available-for-sale. Die Wertänderung aus der Neubewertung kann zum einen zunächst erfolgsneutral im Eigenkapital erfasst werden. Dort kann sie so lange stehen bleiben, bis der Vermögenswert veräußert oder eine außerplanmäßige Abschreibung vorzunehmen ist.

Zum anderen kann sie auch sofort erfolgswirksam im Periodenergebnis verrechnet werden.

Mit dem Wahlrecht für die erfolgswirksame Veränderung des fair value bei den available-for-sale können Sie ein höheres oder niedrigeres Periodenergebnis ausweisen.

Vorratsbewertung mit dem Sonderfall der langfristigen Fertigung

Der Aktivposition Vorräte ist besonders für produzierende Unternehmen wichtig und bildet bei ihnen in der Regel einen großen Posten innerhalb des Umlaufvermögens.

▪ *Über die Verarbeitung und den Verkauf der Vorräte werden die Bilanz und die GuV – vor allem von produzierenden Unternehmen – erheblich berührt, so dass der Bewertung von Vorräten eine sehr hohe Bedeutung zukommt.* ▪

Bewertung der Vorräte nach HGB

Die Vorräte, die dem Unternehmen wirtschaftlich zuzurechnen sind, sind zu aktivieren. Grundsätzlich müssen die Vermögensgegenstände laut § 252 Abs. 1 Nr. 3 HGB einzeln bewertet werden. Dies geschieht zu den Anschaffungs- bzw. Herstellungskosten, die gleichzeitig die Bewertungsobergrenze kennzeichnen.

Um die Herstellungskosten zu ermitteln, müssen zwingend die Material- und die Fertigungseinzelkosten (einschließlich

Sondereinzelkosten der Fertigung) einbezogen werden. Bezüglich der Material-, Fertigungsgemeinkosten, Abschreibungen, Instandhaltungskosten, Verwaltungskosten etc. räumt das Handelsrecht ein Wahlrecht (§ 255 Abs. 2 HGB) ein. Vertriebskosten dürfen jedoch nicht einbezogen werden (§ 255 Abs. 2 HGB).

Eine weitere Möglichkeit ist, den beizulegenden Wert mithilfe der retrograden Methode als so genannte verlustfreie Bewertung anzusetzen, wenn dieser unter den AHK liegt.

Grundsätzlich dürfen Sie auch Bewertungsvereinfachungsverfahren anwenden, um die Anschaffungs- bzw. Herstellungskosten (§ 256 HGB) zu ermitteln.

Im Einzelnen sind zulässig:

- Verbrauchsfolgeverfahren (§ 256 Satz 1 HGB)
- Gruppenbewertung (§ 256 i. V. m. § 240 Abs. 4 HGB)
- Festbewertung (§ 256 i. V. m. § 240 Abs. 3 HGB)

In der Praxis wird häufig die gewogene Durchschnittsmethode und die LIFO-Methode (last in first out) verwendet.

Für Vermögensgegenstände des Umlaufvermögens gilt immer das strenge Niederstwertprinzip.

Beispiel: Bewertungsverfahren für Vorräte nach HGB

Ein Unternehmen bezog im Jahr 2003 den Rohstoff XY (Anfangsbestand zu Jahresbeginn 0 Stück). Anfang 03 wurden 1.000 kg zu 10 €/kg, Mitte 03: 800 kg zu 12 €/kg, Ende 03: 1.200 kg zu 11 €/kg eingekauft. Der Endbestand von XY betrug 1.400 kg. Je nach Bewertungsverfahren ergeben sich unterschiedliche Bestandswerte für die Bilanz.

FIFO-Methode = 15.600 € (1.200 kg zu 11 € und 200 kg zu 12 €)

LIFO-Methode = 14.800 € (1.000 kg zu 10 € und 400 kg zu 12 €)

Gewogene Durchschnittsmethode = 15.302 € = (1.400 kg x (1.000 x 10 + 800 x 12 + 1200 x 11) / (800 + 1.000 + 1.200)) = 10,93 €/kg

Je nachdem, welche Bewertungsmethode Sie anwenden, erreichen Sie einen höheren oder niedrigeren Vermögensausweis.

▪ *Für Vorräte, die regelmäßig ersetzt werden und im Gesamtwert für das Unternehmen von nachrangiger Bedeutung sind, können Sie nach HGB einen Festwert ansetzen.* ▪

Abschreibungen und Zuschreibungen nach HGB

Vorräte können ausschließlich außerplanmäßig abgeschrieben werden. Treten Wertminderungen bei den Vorräten ein, weil die Wiederbeschaffungs- oder Wiederherstellungskosten gesunken sind, werden sie aus Gründen kaufmännischer Vorsicht in der Regel bereits durch außerplanmäßige Abschreibungen erfasst, bevor sie durch den Umsatzprozess tatsächlich realisiert sind. Fällt der Abschreibungsgrund weg, gilt für Kapitalgesellschaften eine Zuschreibungspflicht. Kaufleute haben hingegen ein Beibehaltungswahlrecht.

Regelung nach IAS/IFRS

Die Bewertung von Vorräten (inventories) regelt IAS 2. Laut IAS 2.5 gehören zu den Vorräten insbesondere:

- Handelswaren (merchandise),
- Fertigerzeugnisse (finished goods),
- unfertige Erzeugnisse (work in progress bzw. unfinished goods),

- Rohstoffe (raw material), Hilfs- und Betriebsstoffe (supplies) als Werkstoffe.

Nach den IAS/IFRS-Regelungen besteht im Gegensatz zum deutschen Handelsrecht ein generelles Saldierungsverbot. Es ist verboten, erhaltenen Anzahlungen mit dem Vorratsvermögen zu saldieren.

Wie werden die Vorräte nach IAS/IFRS bewertet?

Die Vorräte werden grundsätzlich einzeln (IAS 2.19) zu ihren Anschaffungs- und Herstellungskosten (historical costs) bewertet, diese bilden auch gleichzeitig die Wertobergrenze. Die Herstellungskosten müssen Sie stets auf Vollkostenbasis ermitteln. Bei den Gemeinkosten wird die Umlagefähigkeit von Verwaltungsgemeinkosten auf die Herstellungskosten nach IAS enger abgegrenzt als nach HGB.

Die Vorräte sind gemäß IAS 2.6 zum realisierbaren Nettoveräußerungserlös (net realizable value) zu bilanzieren, wenn dieser unter den Anschaffungs- oder Herstellungskosten liegt. Der Netto-Veräußerungswert entspricht dem zu erwartenden Verkaufspreis abzüglich der noch ausstehenden Fertigstellungskosten und der Vertriebskosten (IAS 2.4). Auch hier gilt das Niederstwertprinzip, allerdings richtet es sich hier nur nach dem Absatzmarkt. Eine Abwertung der Vorräte müssen Sie nach IAS/IFRS nur bei absatzbezogenen Wertminderungen vornehmen.

Beispiel: Bewertungsverfahren für Vorräte nach IAS/IFRS

Die Herstellungskosten einer Segeljolle betragen 4.000 € zum Bilanzstichtag 31.12.2003. Die Auslieferung erfolgt im März 2004, wodurch weitere Aufwendungen für Transport und Versicherung von 350 € anfallen. Der im Kaufvertrag fest vereinbarte Verkaufspreis beträgt im Fall a) 4.400 € und im Fall b) 4.100 €. Wie ist die Segeljolle am 31.12.03 zu bewerten?

a) Zu Herstellungskosten von 4.000 €, da der net realizable value mit 4.050 € höher als die Herstellungskosten ist, so dass die Bewertung mit 4.000 € erfolgt.

b) Zum Nettoveräußerungswert von 3.750 €, da der net realizable value unter den Herstellungskosten liegt. In diesem Fall besteht eine Abschreibungspflicht.

Beispiel: Bewertung des Vorratsvermögens

Für die Bewertung des Vorratsvermögens nach IAS/IFRS zum 31.12.2003 liegen folgende Informationen vor:

	aktivierte Herstellungskosten	kalkulierter Verkaufspreis	noch anfallende	
			Herstellungskosten	Vertriebskosten
Fertigerzeugnis A	250	290		20
unfertiges Erz. X	170	160	10	10
unfertiges Erz. Y	220	310	40	10
unfertiges Erz. Z	90	105	20	5

Für die Bewertung des Vorratsvermögens nach dem Niederstwertprinzip werden die relevanten Vergleichswerte zu den Herstellungskosten sowie die Höhe einer eventuell erforderlichen Abschreibung ermittelt.

	aktivierte Herstellungskosten	relevanter Vergleichswert	Abschreibung	Bilanzansatz
Fertigerzeugnis A	250	270	0	250
unfertiges Erz. X	170	140	30	140
unfertiges Erz. Y	220	260	0	220
unfertiges Erz. Z	90	80	10	80

Da die Einzelbewertung oft sehr aufwändig ist, dürfen Sie auch Bewertungsvereinfachungsverfahren wie z.B. die gewogene Durchschnittsmethode (weight average cost formula) oder die FIFO-Methode anwenden. Diese beiden Verfahren werden in der Praxis sehr häufig benutzt und sind unter dem Begriff „benchmark treatment" zusammengefasst.

Die LIFO-Methode ist nach IAS 2 nicht mehr zulässig. Festwerte dürfen normalerweise nicht gebildet werden, da hierbei ein Mindestbestand der Vorräte auf Dauer mit festen und meist niedrigeren Preisen bewertet würde.

▪ *Für die Bewertung des Vorratsvermögens gilt auch nach IAS/IFRS das Niederstwertprinzip. Im Vergleich zum HGB werden die Anschaffungs- bzw. Herstellungskosten nur mit den Absatzmarktpreisen, nicht aber mit dem Beschaffungsmarktpreisen verglichen. Als Maßstab dienen einzelvertraglich vereinbarte oder marktbestimmte Nettoveräußerungspreise.* ▪

Abschreibungen und Zuschreibungen nach IAS/IFRS

In den IAS/IFRS finden sich keine Regelungen zu steuerrechtlichen Abschreibungen. Eine Abwertung aufgrund der Einschätzung der zukünftigen Wertentwicklung und unter Durchbrechung des Stichtagsprinzips sehen die IAS ebenfalls nicht vor. Wenn die Beschaffungspreise für RHB-Stoffe sinken, führt das z. B. nicht zu einer Abschreibung der Buchwerte auf einen niedrigeren Wert, solange die Endprodukte weiterhin ohne Verlust veräußerbar sind.

Sinkt jedoch der Verkaufspreis der hergestellten Produkte, so dass dadurch ein Verlust entsteht, muss eine Abschreibung auf den niedrigeren beizulegender Wert (net realizable value) durchgeführt werden. Um diesen Wert zu ermitteln ist auch für die RHB-Stoffe grundsätzlich der Nettoveräußerungswert relevant.

Beispiel: Bewertung anhand von Wiederbeschaffungswerten

Die Herstellungskosten einer Segeljolle betragen am 31.12.03 4.000 €. Darin enthalten sind zwei Einheiten eines Rohstoffes, dessen Anschaffungskosten pro Stück 500 € betrugen. Die übrigen Fertigungskosten betrugen 3.000 €. Voraussichtlich wird die Jolle im März 2004 für 4.500 € verkauft. Der Absatzpreis wird für konstant gehalten. Im Lager sind noch 20 Einheiten des Rohstoffes.

Der Rohstoff wird mit 500 € pro Stück, also insgesamt 10.000 € bewertet. Die Herstellungskosten betragen 4.000 € und sind niedriger als der Absatzpreis von 4.500 €. Somit entsteht kein Verlust. Falls der Wiederbeschaffungswert des Rohstoffs (z.B. 350 € pro Stück) unter den Anschaffungskosten liegen würde, wäre im Vergleich zu HGB keine Abwertung vorzunehmen. Hier besteht ein Abschreibungsverbot.

Wenn aber mit den gesunkenen Wiederbeschaffungswerten ebenfalls verminderte Absatzpreise erwartet werden, ist eine Abschreibung notwendig. Würde der Preis des Produktes auf 3.500 € sinken, müssten auch die Rohstoffe auf die gesunkenen Wiederbeschaffungswerte (350 €) abgewertet werden.

Falls die Gründe für die Abwertung entfallen, muss eine Zuschreibung erfolgen und zwar bis zum wieder gestiegenen Wiederbeschaffungswert bzw. dem niedrigeren net realizable value (IAS 2.30). Die Zuschreibung darf die historischen Anschaffungs- bzw. Herstellungskosten nicht überschreiten.

Die Wertmaßstäbe für den beizulegenden Wert werden nach HGB und IAS/IFRS unterschiedlich ermittelt. Während sich beim deutschen Handelsrecht die Wertermittlung des beizulegenden Wertes sowohl am Beschaffungsmarkt als auch am Absatzmarkt orientiert, ist für die Ermittlung nach IAS/IFRS ausschließlich der Absatzmarkt maßgeblich.

Das sind die Unterschiede zwischen HGB und IAS/IFRS im Überblick:

HGB	IAS/IFRS
Obergrenze: Anschaffungs- und Herstellungskosten	Obergrenze: Anschaffungs- und Herstellungskosten
Keine Kapitalkosten in den Anschaffungskosten	Fremdkapitalkosten in den Anschaffungskosten
Herstellungskosten: Möglichkeit der Teilkostenbewertung	Herstellungskosten: Vollkostenbewertung
Strenges Niederstwertprinzip	Lower of cost or net realizable principle
Wertaufholungsgebot	Wertaufholungsgebot
Lifo-, Fifo-Verfahren, gewogener Durchschnitt	Fifo-Verfahren, gewogener Durchschnitt
Festbewertung	(evtl.) Festbewertung

Sonderfall: Langfristfertigung

Ein Sonderfall der Vorratsbewertung ist die Bewertung von langfristigen Fertigungsaufträgen. Langfristige Fertigungsaufträge liegen dann vor, wenn z. B. eine Maschine gebaut wird und die Bauphase sich über mehrere Bilanzperioden erstreckt.

Die im Bau befindliche und zum Verkauf bestimmte Maschine ist in jeder Bilanz bis zur Fertigstellung im Umlaufvermögen unter der Position unfertige Erzeugnisse zu aktivieren. Die Ansatzpflicht gilt in beiden Rechnungslegungssystemen.

Es gibt allerdings gravierende Unterschiede bei der Bewertung von Fertigungsaufträgen, die zum Bilanzstichtag noch nicht abgeschlossen sind (stichtagsübergreifend), nämlich in Bezug auf eine Teilgewinnrealisierung.

Regelung nach HGB

Im HGB sind zwar keine Vorschriften über langfristige Fertigungsaufträge enthalten. Jedoch besagt das Realisationsprinzip, dass Gewinne nicht vorzeitig sondern grundsätzlich erst dann ausgewiesen werden dürfen, wenn sie durch Umsatz tatsächlich realisiert worden sind.

Dem deutschen Bilanzrecht entspricht daher die **„completed-contract-method"**, d.h. der Gewinnausweis nach Fertigstellung und Auftragsabnahme. Dies hat zur Folge, dass die in Herstellung befindlichen Projekte mit den bisher angefallenen Herstellungskosten aktiviert werden und erst im Jahr der Abnahme des Projektes der komplette Auftragsgewinn erfolgswirksam vereinnahmt wird.

Unter bestimmten Bedingungen (z. B. bei Teilabrechnung eines Auftrags) sind Ausnahmen möglich, auch bei einer langfristigen Auftragsfertigung eine Teilgewinnrealisierung durchzuführen.

Regelung nach IAS

Beim Auftragnehmer unterliegen Fertigungsaufträge den Bilanzierungsregeln des IAS 11. Von besonderer Bedeutung ist dabei der Zeitpunkt der Gewinnrealisierung. Kann das Ergebnis eines Fertigungsauftrages verlässlich geschätzt werden, sind die Auftragserlöse und Auftragskosten entsprechend dem Leistungsfortschritt am Bilanzstichtag als Erträge und Aufwendungen zu erfassen. Dieses Verfahren bezeichnet man als „percentage-of-completion method" (poc-Methode). Hierbei müssen Sie grundsätzlich den Gewinn nach dem Fertigstellungsgrad realisieren.

Im Ergebnis werden Umsatzerlöse und anteilige Gewinne den anfallenden Kosten periodengerecht (accrual basis) zugeordnet. Das Vorsichtsprinzip tritt zurück und das Realisationsprinzip ist milder. Dieser Weg wird international praktiziert.

Wenn Sie die percentage-of-completion Methode anwenden wollen, müssen verschiedene Voraussetzungen erfüllt sein. Dazu gehören z.B. ein zuverlässiges Projektcontrolling sowie bei Festpreisverträgen die Möglichkeit den Fertigstellungsgrad, die geplanten Gesamtkosten des Projekts und die bis zum Bilanzstichtag tatsächlich angefallenen Kosten zu bestimmen.

Der Fertigstellungsgrad wird nach der inputorientierten „cost-to-cost" Methode ermittelt, bei der das Verhältnis aus allen tatsächlichen angefallenen Kosten und den geschätzten Gesamtkosten des Projektes errechnet wird.

Ermitteln Sie den Fertigstellungsgrad (FSG) folgendermaßen:

$$\text{FSG} = \frac{\text{kumulierte Aufwendungen}}{\text{geschätzte Gesamtaufwendungen}}$$

Mit diesem Maßstab werden die Erträge zugerechnet. In die Gesamtkosten kommen sämtliche Einzel- und Gemeinkosten, die mit dem Projekt in Verbindung stehen. Allgemeine Verwaltungskosten sowie Forschungs- und Entwicklungskosten dürfen nicht berücksichtigt werden.

Beispiel: Bewertung langfristiger Fertigungsaufträge

Die Südwest-Yachtbau GmbH beginnt am 1.1.03 mit dem Bau einer neuen Segelyacht, die im Dezember 2004 ausgeliefert werden soll. Die geplanten Gesamtaufwendungen sind mit 4.000.000 € veranschlagt, der vereinbarte Festpreis beträgt 4.500.000 €. Mit der Abnahme der Yacht entsteht der Vergütungsanspruch, voraussichtlich im Dezember 2004. Die Fertigstellung geht kontinuierlich voran, so dass die Aufwendungen gleichmäßig anfallen. Somit ergeben sich folgende Gewinnwirkungen.

Bewertung nach HGB: „completed-contract"-Methode

In 2003 hat man Aufwendungen von 2 Mio. €, die als Herstellungskosten von 2 Mio. € aktiviert werden. Somit entsteht kein Gewinn. In 2004 hat man wieder Aufwendungen von 2 Mio. € und Erträge von 2,5 Mio. €. Somit ergibt sich dann ein Gewinn von 0,5 Mio. €.

In 2003 wird kein Gewinn gemacht, obwohl der Bau der Yacht kontinuierlich voranschreitet. Eigentlich hätte man schon Erträge von 2,25 Mio. € erwirtschaftet und damit auch einen Gewinn von 250.000 € ausweisen können. Bei dieser Methode wird der Gewinn aber erst dann ausgewiesen, wenn der Anspruch sicher besteht.

Bewertung nach IAS/IFRS: "percentage-of-completion"-Methode

Bei dieser Methode wird der Erfolg periodengerecht ausgewiesen. In diesem Fall wäre das in 2003 ein Ertrag von 2,25 Mio. € und Aufwendungen von 2 Mio. €, somit ergibt sich ein Gewinn von 250.000 €. In 2004 kommen dann die restlichen Erträge von 2,25 Mio. € sowie die restlichen Aufwendungen von 2 Mio. € dazu, so dass wieder ein Gesamtgewinn von 500.000 € entsteht. Dies ergibt eine Gesamtforderung aus Lieferung und Leistung von 4,5 Mio. €, dem Aufwendungen von 4 Mio. € gegenüberstehen.

Ergänzung des Beispiels:
Es gelten die Daten des vorhergehenden Beispiels. Ende 2003 fallen 0,2 Mio. € Mehraufwendungen als geplant an. Für 2004 kann darüber noch nichts gesagt werden. Der Gesamtgewinn sinkt auf 300.000 €.

Nach der cost-to-cost Methode beträgt der Fertigstellungsgrad 52,38 %, da die tatsächlichen Aufwendungen in Relation zu den geplanten Gesamtaufwendungen zu sehen sind (2,2 Mio. € / 4,2 Mio. €). Der Gewinn für 2003 beläuft sich auf 157.143 € (0,5238 x 300.000 €). Die unfertigen Erzeugnisse werden also Ende 2003 mit 2.357.143 € bilanziert. Der Produktionsaufwand von 2,2 Mio. € wird um den Gewinnanteil erhöht. Im Vergleich ist der Produktionsaufwand gestiegen und der Gewinnanteil gesunken.

Fazit: Sie können den Gewinn erheblich beeinflussen

Langfristige Fertigungsaufträge werden grundsätzlich nach zwei verschiedenen Methoden bilanziert. Bei der completed-contract Methode wird der Gesamtgewinn als Ganzes erst in der Periode ausgewiesen, in der er realisiert worden ist. In den Vorperioden aktivieren Sie nur die bisher angefallenen Herstellungskosten ohne Gewinnanteil. Dies führt zu einem wesentlich geringeren Gewinn in den Perioden vor der Fertigstellung und zu einem viel höheren in der Fertigstellungsperiode. Der Einfluss auf den Gewinn ist beträchtlich.

Bei der percentage-of-completion Methode wird der Gewinn nach dem Fertigstellungsgrad gleichmäßig, d. h. periodengerecht verteilt. Das Unternehmen hat also in den Perioden vor der Fertigstellung einen höheren Gewinn als nach der completed-contract Methode, aber in der Fertigstellungsperiode einen kleineren.

Die wichtigsten Aspekte der beiden Bilanzierungsmethoden fasst die folgende Tabelle zusammen.

	Erfolgsausweis bei Fertigungsaufträgen	
	Completed-contract Methode	Percentage-of-completion Methode
Inhalt	Erfolgsausweis bei Abnahme (rechtliche Betrachtung)	zeitanteiliger Erfolgsausweis (wirtschaftliche Betrachtung)
Prinzip	Vorsichtsprinzip	accrual basis
Adressaten	Gläubiger	Anteilseigner
Anwendung	HGB	IAS/IFRS

Forderungen

Sowohl das Handelsrecht als auch IAS/IFRS behandeln Forderungen ähnlich. Dies betrifft auch den Realisationszeitpunkt der Forderungen. Sie werden nach HGB mit den Anschaffungskosten i. S. der Nominalwerte und nach IAS ebenfalls mit den Anschaffungskosten jedoch i. S. des beizulegenden Zeitwerts (fair value) bewertet.

Wo liegen die wesentlichen Unterschiede zwischen HGB und IAS/IFRS?

- Das HGB erlaubt für zweifelhafte Forderungen sowohl eine konservative Einzelwertberichtigung (EWB) als auch eine Pauschalwertberichtigung (PWB). IAS/IFRS dagegen erkennt EWB nur in Höhe des wahrscheinlich ausfallenden Betrags an. PWB dürfen nur in Höhe des anhand von Erfahrungswerten nachgewiesenen tatsächlichen Ausfalls gebildet werden. Die Bildung stiller Reserven mit PWB ist nicht zulässig.

- Fremdwährungsforderungen werden nach IAS/IFRS generell zum jeweiligen Stichtagskurs umgerechnet. Bei Fremdwährungsforderungen müssen nach IAS/IFRS nicht nur Umrechnungsverluste, sondern auch Umrechnungsgewinne ausgewiesen werden.

Beispiel: Fremdwährungs- und zweifelhafte Forderungen

Als Leiter(in) des Rechnungswesens erfahren Sie, dass die Forderungen des Kunden Müller in Höhe von 232 T€ als zweifelhaft anzusehen sind. Sie rechnen am 01.01.2004 mit einem wahrscheinlich 50 %igen Ausfall der zweifelhaften Forderung. Im ungünstigsten Fall könnten eventuell 90 % der Forderung uneinbringbar sein. Sie verbuchen die Wertberichtigung einmal nach HGB und einmal nach IAS/IFRS.

Zunächst die Bewertung nach HGB: Es wird unter Berücksichtigung des Vorsichtsprinzips eine Einzelwertberichtigung in Höhe von 180 T € (90 % von 200 T € = Nettowert der Forderung ohne USt.) gebildet. Eine Umsatzsteuerkorrektur erfolgt erst dann, wenn die Forderung tatsächlich ausgefallen ist. Somit wird die Forderung mit 52 T € (20 T € + 32 T € USt.) bewertet.

Nun die Bewertung nach IAS/IFRS: Die Einzelwertberichtigung darf maximal in Höhe des wahrscheinlich ausfallenden Betrags, d.h. mit 50 % des Nettowertes gebildet werden. Somit wird eine Einzelwertberichtigung in Höhe von 100 T€ gebildet. Die Forderung wird daher in der IAS/IFRS-Bilanz mit 132 T€ angesetzt.

Außerdem haben Sie eine Fremdwährungsforderung vom 17.11.2003 in Höhe von 100.000 US $. Der US $ Kurs hat sich wie folgt entwickelt:

17.11.2003:	1 US $ = 1,00 €
31.12.2003:	1 US $ = 1,07 €

Nach HGB darf die Fremdwährungsforderung höchstens mit den Anschaffungskosten bewertet werden, d.h. die Forderung wird mit 100 T€ aktiviert. Nach IAS/IFRS dagegen ist die Fremdwährungsforderung mit dem fair value am Bilanzstichtag anzusetzen, d.h. die Forderung wird mit 107 T€ bewertet.

Die Forderungen werden nach IAS/IFRS mit den Anschaffungskosten im Sinne des beizulegenden Zeitwertes (fair value) bewertet.

Rückstellungen

Rückstellungen sind Passivposten für Verluste, Verbindlichkeiten oder Aufwendungen, die ihrer Entstehung oder Höhe nach ungewiss sind und die der Periode ihrer Verursachung zugerechnet werden sollen.

Sie dienen also dazu, spätere Ausgaben bilanziell vorweg zu berücksichtigen. Dabei handelt es sich um bereits entstandene Verluste, bei denen lediglich die tatsächliche Realisierung noch aussteht.

Rückstellungen nach HGB

Nach § 266 HGB sind unter dem Posten Rückstellungen auf der Passivseite der Bilanz folgende Punkte auszuweisen:

- Rückstellungen für Pensionen und ähnliche Verpflichtungen,
- Steuerrückstellungen und
- sonstige Rückstellungen.

Was genau sind die sonstigen Rückstellungen? Zu ihnen gehören:

- ungewisse Verbindlichkeiten,

- drohende Verluste aus schwebenden Geschäften,
- im Geschäftsjahr unterlassene Instandhaltung,
- Abraumbeseitigung,
- Gewährleistungen, die ohne rechtliche Verpflichtungen erbracht werden.

Die folgende Abbildung zeigt, welche zwei Gruppen von Rückstellungen Sie generell unterscheiden müssen:

Rückstellungen nach IAS/IFRS

Im Vergleich zum HGB sind nach IAS/IFRS nur Verbindlichkeitsrückstellungen zulässig, d. h. jede Art von Aufwandsrückstellungen, die auf Verpflichtungen im Innenverhältnis beruhen, sind verboten.

Die einzige Ausnahme hierzu sind die Restrukturierungsrückstellungen. Diese Aufwandsrückstellungen sind von dem Verbot nach IAS/IFRS ausgeschlossen und somit erlaubt.

IAS 37.2 bestimmt, wann Rückstellungen angesetzt werden müssen – nämlich wenn:

- ein Unternehmen aus einem vergangenen Ereignis eine gegenwärtige Verpflichtungen (rechtlich oder faktisch) hat,
- der Abfluss von Ressourcen mit wirtschaftlichem Nutzen zur Erfüllung dieser Verpflichtung wahrscheinlich ist, und
- eine zuverlässige Schätzung der Höhe der Verpflichtung möglich ist.

Sind diese Bedingungen nicht erfüllt, dürfen Sie keine Rückstellung bilden.

▪ *Ungewisse Verpflichtungen (contingent losses) gegenüber Dritten sind erst dann rückstellungsfähig, wenn sie mit einer Wahrscheinlichkeit von mehr als 50 % eintreten (probable bzw. more likely than not) und sich der aus der Verpflichtung resultierende Aufwand zuverlässig ermitteln lässt. Ansonsten besteht ein Rückstellungsverbot.* ▪

Zukünftig erwartete oder geplante Ereignisse nach IAS 37 dürfen zu keiner Rückstellung führen. Rückstellungen für ungewisse Verpflichtungen aus schwebenden Absatzgeschäften dürfen ebenso wenig gebildet werden wie reine Aufwandsrückstellungen.

Restrukturierungsrückstellungen nach IAS/IFRS

Restrukturierungsrückstellungen müssen die allgemeinen Ansatzvoraussetzungen für Rückstellungen erfüllen (IAS 37.14). Die Rückstellungspflicht entsteht nur, wenn das Unternehmen einen detaillierten Restrukturierungsplan hat, der die von IAS geforderten Mindestangaben enthält:

- das Geschäftsfeld oder den Teil des Geschäftsfeldes,
- die betroffenen Hauptstandorte,
- die ungefähre Zahl, sowie die Funktion der zu entschädigenden Arbeitnehmer, die aufgrund ihrer Freisetzung eine Abfindung erhalten,
- die für die Restrukturierung erforderlichen Angaben,
- Angaben, wann der Restrukturierungsplan umgesetzt werden soll.

Zur Bewertung können Sie nur Ausgaben berücksichtigen, die direkt mit der Restrukturierung im Zusammenhang stehen.

Somit dürfen Sie z. B. Aufwendungen für die Umschulung von weiterhin beschäftigten Mitarbeitern oder deren Versetzung an andere Standorte genauso wenig erfassen wie Marketingkosten oder Investitionen in neue EDV- und Vertriebssysteme.

Wie werden sonstige Rückstellungen behandelt?

Die folgende Gegenüberstellung zeigt Ihnen, wie die sonstigen Rückstellungen nach HGB bzw. nach IAS/IFRS zu behandeln sind.

HGB	**IAS/IFRS**
Pflichtrückstellungen für: – ungewisse Verbindlichkeiten – drohende Verluste aus schwebenden Geschäften – unterlassene Instandhaltung, die innerhalb von drei Monaten des neuen Geschäftsjahres nachgeholt wird – unterlassene Abraumbeseitigung, die im folgenden Geschäftsjahr nachgeholt wird – Gewährleistungen ohne rechtliche Verpflichtung	Pflichtrückstellungen für: – ungewisse Verbindlichkeiten (contingent liabilities, determinable liabilities) – eventuelle Verluste (contract losses) wenn sie wahrscheinlich und schätzbar sind.
HGB	**IAS/IFRS**
Rückstellungswahlrecht: – Aufwandsrückstellungen – Unterlassene Instandhaltung, die nach Ablauf von 3 Monaten im folgenden Geschäftsjahr nachgeholt wird	Rückstellungswahlrecht: – keine Wahlrechte
Rückstellungsverbot: – für sonstige Zwecke	Rückstellungsverbot: – Aufwandsrückstellung
Mindesteintrittswahrscheinlichkeit: – aufgrund Vorsichtsprinzip niedrigere Wahrscheinlichkeit als 50 %	Mindesteintrittswahrscheinlichkeit: – > 50 % (51 %-Regel)

Bewertung der Rückstellungen

In beiden Rechnungslegungssystemen müssen Sie als relevanten Wertansatz für Rückstellungen einen nach vernünftiger Beurteilung ermittelten Schätzwert zugrunde legen. Aufgrund des Vorsichtsprinzips verlangt das HGB einen Wert, der am oberen Ende des Schätzrahmens liegt, um im Zweifelsfall das Risiko eher zu hoch als zu niedrig zu bewerten.

Nach IAS/IFRS müssen Sie die Rückstellung dagegen mit dem wahrscheinlichsten Wert der ungewissen Verpflichtung passivieren. Damit soll erreicht werden, dass die gegenwärtige Verpflichtung am Bilanzstichtag abgedeckt ist.

Die Unterschiede sehen Sie in der folgenden Tabelle:

HGB	IAS/IFRS
– Ansatz des wahrscheinlichsten Wertes – Bei einer Bandbreite von gleichwahrscheinlichen Beträgen ist der höchste Wert zu passivieren (Vorsichtsprinzip!)	– Ansatz des wahrscheinlichsten Wertes – Bei einer Bandbreite von gleichwahrscheinlichen Beträgen ist der Erwartungswert (expected value) anzusetzen.

Beispiel: Bewertung von Rückstellungen nach HGB und IAS/IFRS

Ein Automobilzulieferer hat sein Produktsortiment auf die Produktion von Tuningteilen erweitert. Dafür hat er auch eine ältere Fabrikhalle preisgünstig erworben. Die Reputation des Unternehmens ist in der Branche sehr gut. Sie werden damit beauftragt den Jahresabschluss (31.12.) des Unternehmens zu erstellen. Folgende Vorgänge wurden noch nicht berücksichtigt:

- Für die Tuningteile wird eine Garantie von 6 Monaten gewährt. Aus Kulanzgründen hat das Unternehmen bisher auftretende Mängel bis einschließlich des 12. Monats kostenlos beseitigt.
- Da der Wintereinbruch sehr früh kam, konnte die Dachreparatur der Fabrikhalle nicht mehr durchgeführt werden. Diese wird innerhalb der ersten drei Monate des Folgejahres nachgeholt.

So werden die Vorgänge nach HGB bzw. nach IAS behandelt

- Es besteht zwar für die kostenlose Reparatur außerhalb der Garantiezeit keine rechtliche Verpflichtung, jedoch kann sich das Unternehmen dieser Verpflichtung faktisch nicht entziehen. Sowohl nach HGB als auch nach IAS/IFRS ist eine Kulanzrückstellung zu bilden.
- Nach HGB muss eine Rückstellung für die unterlassene Instandhaltung gebildet werden. Da es sich um eine Aufwandsrückstellung handelt, ist diese nach IAS/IFRS verboten.

Pensionsrückstellungen

Pensionsrückstellungen werden durch versicherungsmathematische Verfahren bewertet. Grundsätzlich können zwei Verfahrenstypen unterschieden werden: das Anwartschaftsdeckungsverfahren und das Anwartschaftsbarwertverfahren.

Beim Anwartschaftsbarwertverfahren ergibt sich der Altersversorgungsaufwand einer Periode aus dem Barwert der in der Periode erdienten Pensionsansprüche zuzüglich einer rechnerischen Verzinsung der bereits gebildeten Pensionsrückstellungen. Dieses Verfahren wird üblicherweise in den angelsächsischen Jahresabschlüssen angewandt.

Beim Anwartschaftsdeckungsverfahren werden die bis zum Versorgungsfall erreichten Pensionsansprüche hochgerechnet. Der „Gesamtbetrag" der Pensionsansprüche wird dann auf die einzelnen Perioden verteilt, in der Regel nach der Annuitätenmethode.

Dadurch verteilt sich – im Vergleich zum Anwartschaftsbarwertverfahren – der Altersversorgungsaufwand bis zur Pensionierung gleichmäßig. Ein typisches Beispiel für das Anwartschaftsdeckungsverfahren ist das im deutschen Steuerrecht etablierte Teilwertverfahren.

Ansatz und Ausweis nach HGB

Das HGB fordert nach § 249 Abs. 1 Satz 1, dass die Pensionsverpflichtungen, die nach dem 1.1.1987 eingegangen wurden, grundsätzlich bilanziert werden. Für Versorgungszusagen, die vor diesem Datum erworben wurden, besteht hingegen ein Passivierungswahlrecht.

Das von 90 % aller deutschen Unternehmen gewählte Anwartschaftsdeckungsverfahren berücksichtigt nur die zukünftige Erlebenswahrscheinlichkeit und einen Diskontierungszinssatz der handelsrechtlich zwischen 3 % und 6 % liegen muss und steuerrechtlich (§ 6 a EStG) bei 6 % fixiert ist. Gehalts- und Rententrends werden nicht berücksichtigt.

Ansatz und Ausweis nach IAS/IFRS

Die IAS/IFRS regeln die Bilanzierung von Pensionsrückstellungen in den IAS 19 (Leistungen an Arbeitnehmer). Für die Pensionsrückstellungen besteht eine Passivierungspflicht.

Die IAS 19.64 schreiben für den Wertansatz die protected unit credit method (Anwartschaftsbarwertverfahren) vor. Die bis zum Bilanzstichtag erarbeiteten planmäßigen Pensionsanwartschaften werden mit dem versicherungsmathematischen Barwert bewertet.

Anders als beim HGB werden zur Ermittlung des Anwartschaftsbarwertes die Lohn- und Gehaltssteigerungen, Rententrends, die Veränderung des Diskontierungssatzes sowie Ausscheidewahrscheinlichkeiten, wie z. B. Tod, Fluktuation oder Invalidität berücksichtigt.

Beispiel: Pensionsrückstellungen

Wird einem 60-jährigen Arbeitnehmer gegenüber die Pensionsversprechung gegeben, und geht der Mitarbeiter mit 65 in Rente, werden 5 Jahre als Berechnungsgrundlage angenommen. Die Wahrscheinlichkeit eines früheren Todes liege bei 5 %, die Fluktuationsrate bei Mitarbeiten diesen Alters ebenfalls bei 5 %. De facto muss also nur mit 4 ½ Jahren gerechnet werden.

Der Zinssatz, um die Rückstellungsbeträge zu errechnen, ist im Gegensatz zum EStG nicht festgelegt, sondern richtet sich nach dem Kapitalmarktzins, wie z. B. die durchschnittliche Umlaufrendite festverzinslicher Staatsanleihen.

Wenn Sie von der Handelsbilanz auf IAS/IFRS umstellen, kann das zu Unterschieden zwischen dem steuerlichen und handelsrechtlichen Ergebnis führen, da steuerlich die 6 % verpflichtend sind.

Falls sich rückwirkend Änderungen in den Berechnungsgrundlagen ergeben, können Sie die daraus resultierende Erhöhung der Rückstellung für ungedeckte Verpflichtungen auf die restlichen Jahre der Laufzeit umlegen (delayed recognition).

Die Unterschiede auf einen Blick

	HGB	IAS/IFRS
Berechnungsverfahren	90 % der deutschen Unternehmen wählen das Anwartschaftsdeckungsverfahren (steuerlich anerkannt)	Anwartschaftsbarwertverfahren (projected unit credit method)
Dynamisierung der Ansprüche	keine Dynamisierung	Dynamisierung, d.h. zur Ermittlung sind zukünftige Lohn-/Gehalts- und Rentenentwicklungen zu berücksichtigen.
Abzinsungsfaktor	Rechenzinsfuß i. d. R. 6 % (steuerlich anerkannt)	Der Rechenzinsfuß orientiert sich am tatsächlichen Kapitalmarktzinssatz.
Anhang/ notes	weniger ausführlich	sehr ausführlich
einbezogener Personenkreis	Einbeziehung aller Anwärter, frühester Beginn der Zuführung ab 30 Jahren	Alle Anwärter unter Berücksichtigung gesellschaftsspezifischer Fluktuationswahrscheinlichkeiten
vergangenheitsbezogene Zusagenerhöhung bzw. erstmalige Bildung	sofortige Aufwandsnachholung gemäß zurückliegender Dienstzeit oder gleichmäßige Verteilung auf das laufende Jahr und die zwei folgenden Jahre (Wahlrecht)	Aufwandsverteilung über die zurückliegende Dienstzeit

In den IAS/IFRS-Abschlüssen sind grundsätzlich alle Pensionsverpflichtungen zu passivieren, die nicht als materiell unwesentlich eingestuft werden können. Damit sind auch für alle Mitarbeiter, die ihre Versorgungsansprüche vor dem 1.1.1987 erworben haben und für alle anspruchsberechtigten Arbeitnehmer unter 30 Jahren Rückstellungen zu bilden. Der bilanzpolitische Spielraum ist bei IAS/IFRS wesentlich geringer als im Handelsrecht. Dies erhöht die Transparenz und verbessert die Vergleichbarkeit von Bilanzen.

IAS/IFRS schreiben vor, dass künftig steigende Lohnzahlungen und Renten berücksichtigt werden. Dies führt zu einem realistischeren und damit in der Regel deutlich höheren Ausweis der Pensionsverpflichtungen als in HGB-Abschlüssen. Die nächste Tabelle zeigt Ihnen die Auswirkungen auf die Rückstellungshöhe:

HGB	**IAS/IFRS**	**Auswirkungen auf Rückstellungshöhe**
Anwartschaftsdeckungsverfahren	Anwartschaftsbarwertverfahren	IAS/IFRS < HGB
Zinssatz = 6 %	Kapitalmarktzinssatz (z. T. 7 %)	IAS/IFRS < HGB
Verteilung vergangenheitsbezogener Erhöhung auf max. 3 Jahre	Verteilung vergangenheitsbezogener Erhöhung auf Restarbeitszeit	IAS/IFRS < HGB
Keine Dynamisierung	Dynamisierung	HGB < IAS/IFRS
Rückstellungsbildung erst für Personen ab 30 Jahren	Rückstellungsbildung für alle Anwärter	HGB < IAS/IFRS
Wahlrecht für vor dem 1.1.1987 erworbenen Pensionsansprüche	Rückstellungsbildung für alle Anwärter	HGB < IAS/IFRS

Verbindlichkeiten

Die Regeln zur Bilanzierung von Verbindlichkeiten nach HGB und IAS/IFRS unterscheiden sich nur geringfügig.

Nach HGB zählen Verbindlichkeiten zu den Schulden eines Unternehmens, die durch die Geschäftstätigkeit entstanden sind. Sie sind im Gegensatz zu Rückstellungen prinzipiell dem Grunde und der Höhe nach gewiss.

Zu den Verbindlichkeiten gehören:

- Anleihen,
- Verbindlichkeiten gegenüber Kreditinstituten,
- Anzahlungen von Kunden,
- Verbindlichkeiten aus Lieferungen und Leistungen (Warenschulden),
- Schuldwechsel,
- Verbindlichkeiten gegenüber verbundenen Unternehmen und gegenüber Unternehmen, mit denen ein Beteiligungsverhältnis besteht, sowie
- sonstige Verbindlichkeiten (einbehaltene noch nicht abgeführte Sozialabgaben, Lohn- und Kirchensteuer).

Wie lauten die Regeln der IAS/IFRS? Sie sehen für Verbindlichkeiten, Rückstellungen und passive Rechnungsabgrenzung die Postengruppe liabilities (Schulden) vor. Nach IAS werden die liabilities in zwei Gruppen unterteilt: die current (kurzfristigen) und die long-term (langfristigen) liabilities.

▪ *Eine Schuld ist als kurzfristige Schuld einzustufen, wenn die Tilgung innerhalb von 12 Monaten nach dem Bilanzstichtag fällig ist. Alle anderen Schulden zählen zu den langfristigen.* ▪

Die long-term liabilities (Laufzeit von über einem Jahr) sind nach IAS/IFRS abzuzinsen. Unter den current liabilities müssen Sie folgende Posten einzeln ausweisen:

- Bankdarlehen und Überziehungskredite,
- den kurzfristige Teil der long-term liabilities,
- Zahlungsverpflichtungen (aus Lieferungen und Leistungen, gegenüber Mitgliedern der Geschäftsleitung, aus Dividendenausschüttungen usw.) und
- passive Rechnungsabgrenzungsposten.

Gemäß IAS 1.66 sind für die liabilities mindestens folgende Posten auszuweisen:

- Verbindlichkeiten aus Lieferungen und Leistungen und sonstige Verbindlichkeiten,
- Steuerschulden,
- Rückstellungen und
- langfristige verzinsliche Schulden.

Darüber hinaus müssen gemäß IAS/IFRS Angaben zu den betreffenden Zinssätzen, den Rückzahlungskonditionen, relevanten Vertragsklauseln, Wandlungsbestimmungen, noch nicht amortisierten Auf- bzw. Abgeldern (z.B. Disagio bei einem Darlehen) sowie bestellten Sicherheiten etc. gemacht werden. Bezüglich der Bewertung der liabilities bestimmt das Rahmenwerk der IAS/IFRS (Framework) den Ansatz.

Worin unterscheiden sich IAS/IFRS von HGB?

Obwohl IAS/IFRS und HGB die Verbindlichkeiten ähnlich behandeln, gibt es doch einige Unterschiede:

- Bei Fremdwährungsverbindlichkeiten werden nach IAS/IFRS nicht nur Umrechnungsverluste, sondern auch Umrechnungsgewinne ausgewiesen.
- Im Falle von Wesentlichkeit ist bei IAS/IFRS eine Abzinsung von Verbindlichkeiten vorgesehen.
- Falls bei einer Kreditaufnahme ein Disagio vereinbart wurde, ist nach HGB der Rückzahlungsbetrag zu passivieren. Das Disagio kann handelsrechtlich wahlweise sofort als Aufwand gebucht oder als aktive Rechnungsabgrenzung ausgewiesen werden.

  Nach IAS/IFRS ist nur der vereinnahmte Betrag des Darlehens zu bilanzieren, d.h. der Wert des Disagios wird von der Höhe der entstandenen Schuld abgesetzt und in den Folgejahren zugeschrieben. Erst über die Darlehenslaufzeit wird der vereinnahmte Betrag durch Aufzinsen (Folgebewertung) stufenweise auf den Rückzahlungsbetrag erhöht.

Beispiel: Bilanzierung eines Darlehens

Ein Automobilzulieferer nimmt am 31.12.2003 ein Festdarlehen (endfälliges Darlehen) von 500 T€ zu einem nachschüssigen Zins von 5 % und einem Disagio von 6 % auf. Das Darlehen ist bis zum 31.12.2007 zurückzuzahlen. Der Effektivzinssatz beträgt 6,762 %.

In der IAS/IFRS Bilanz wird das Darlehen zum 31.12.2003 mit dem vereinnahmten Betrag von 470 T€ ausgewiesen. Im HGB-Abschluss ist das Darlehen mit dem Rückzahlungsbetrag von 500 T€ anzusetzen. Die Folgebewertung des Darlehens nach IAS/IFRS erfolgt mit den fortgeführten (amortisierten) Anschaffungskosten.

Jahr	a Bilanzwert 01.01	b = a x 6,762 % effektiver Zinsertrag	c Zinszahlung	d = a + b - c Bilanzwert 31.12
2003				470.000 €
2004	470.000 €	+ 31.781 €	- 25.000 €	476.781 €
2005	476.781 €	+ 32.240 €	- 25.000 €	484.021 €
2006	484.021 €	+ 32.729 €	- 25.000 €	491.750 €
2007	491.750 €	+ 33.250 €	- 25.000 €	500.000 €

Das Disagio wurde entsprechend der Effektivverzinsung aufgelöst.

Leasing

Zum Thema Leasing gibt es zum Teil beträchtliche Unterschiede zwischen HGB und IAS/IFRS.

Behandlung nach HGB

Das HGB orientiert sich bei Leasingverhältnissen an den vom Bundesministerium der Finanzen (BMF) veröffentlichten steuerlichen Leasingerlassen.

Wie werden Leasingobjekte nach HGB zugeordnet?

Häufig werden die Leasingverträge so gestaltet, dass das Leasinggut dem Leasinggeber zugeordnet wird. Dies ist meistens der Fall, wenn die vereinbarte Grundmietzeit länger als 40 % und weniger als 90 % der betriebsgewöhnlichen Nutzungsdauer beträgt.

Wird der Leasinggegenstand dem Leasinggeber zugerechnet, muss er ihn in seiner Bilanz im Rahmen des Anlagevermögens zu Anschaffungs- bzw. Herstellungskosten aktivieren und planmäßig über seine betriebsgewöhnliche Nutzungsdauer bzw. ggf. außerplanmäßig abschreiben. Die Leasingraten sind als Forderungen und Umsatzerlöse zu erfassen.

Beim Leasingnehmer werden die Leasingraten entsprechend als Aufwand - und soweit sie noch nicht beglichen sind als Verbindlichkeit - erfasst.

Behandlung nach IAS/IFRS

Die Vorschriften zur Leasingbilanzierung sind in IAS 17 „Leasinggeschäfte" geregelt.

Wie werden Leasingobjekte nach IAS/IFRS zugeordnet?

Die Zurechnung des Leasinggegenstandes richtet sich danach, wer in welchem Umfang Chancen und Risiken zu tragen hat. Werden alle wesentlichen Chancen und Risiken aus dem Leasinggegenstand vertraglich auf den Leasingnehmer übertragen, liegt ein finance lease vor. Die Merkmale für finance lease sind:

- Übertragung des Eigentums am Ende der Laufzeit.
- Der Leasingvertrag enthält eine Kaufoption zu einem Preis, der unter dem fair value liegt.

- Die Grundmietzeit umfasst den größten Teil der wirtschaftlichen Nutzungsdauer (> 75 %) des Objektes.
- Der abgezinste Gegenwartswert der Leasingzahlungen ist größer oder gleich dem Zeitwert des Objektes bei Vertragsbeginn.

In allen anderen Fällen verbleiben die Risiken und Chancen beim Leasinggeber. Daraus folgt, dass der Leasinggegenstand ihm zugerechnet wird. Es handelt es sich dann um ein operating lease.

So wird finance lease bilanziert

Der Leasingnehmer hat bei finance lease den Leasinggegenstand zu aktivieren und eine Verbindlichkeit in gleicher Höhe in seiner Bilanz auszuweisen. Der dem Leasingnehmer zugerechnete Vermögenswert ist grundsätzlich über die Leasingdauer abzuschreiben.

Der Wertansatz entspricht dabei in beiden Fällen entweder dem fair value des Leasinggegenstandes, abzüglich der Zulagen und Steuergutschriften des Leasinggebers, oder dem niedrigeren Barwert der Mindestleasingraten. Die Mindestleasingraten enthalten aus Sicht des Leasingnehmers die während der Laufzeit zu zahlenden Grundmietzahlungen sowie die Kaufpreiszahlungen am Ende des Leasingverhältnisses bei einer günstigen Kaufoption.

Um den Barwert der Mindestleasingzahlungen zu ermitteln, ist der interne Kalkulationszinssatz des Leasinggebers zu verwenden. Die Leasingzahlungen des Leasingnehmers sind nach der Effektivzinsmethode in einen Zins- und Tilgungsanteil aufzuteilen.

Im Rahmen des finance lease müssen Sie Leasinggegenstände beim Leasinggeber als Forderungen bilanzieren. Die Leasingraten sind in einen Zins-, Kosten- und Tilgungsanteil zu unterteilen.

Die vereinnahmten Zinsen und Kosten führen zu Betriebseinnahmen, während der Tilgungsanteil die aktivierte Forderung mindert.

Beispiel: Bilanzierung des finance lease

Ein Automobilzulieferer least am 01.01.2004 eine Werkzeugmaschine, deren Anschaffungskosten 20.000 € betragen hätten. Die Nutzungsdauer der Maschine beträgt fünf Jahre. Der Leasingvertrag wird mit einer Laufzeit von vier Jahren abgeschlossen.

Der geschätzte nicht garantierte Restwert der Maschine beträgt 2.685 €. Die Leasingraten sind einmal pro Jahr nachschüssig in Höhe von 5.300 € zu zahlen. Bei dem Leasingvertrag handelt es sich um finance lease.

Als erstes wird der dem Leasingverhältnis zugrunde liegende Zinssatz ermittelt. Die Anschaffungskosten von 20.000 € stellen den beizulegenden Zeitwert dar. Vier mal 5.300 € betragen die Mindestleasingzahlungen. Der nicht garantierte Restwert beträgt 2.685 €.

Die Zahlungsreihe aus Sicht des Leasinggebers sieht wie folgt aus: (- 20.000, 5.300, 5.300, 5.300, 7.985). Der daraus errechnete interne Zinssatz beträgt ca. 7 %. Die Berechnung des Barwerts der Mindestleasingzahlungen ergibt 17.952 €. Dieser Barwert ist als Leasingverbindlichkeit und Anschaffungskosten der Werkzeugmaschine anzusetzen.

Im Zeitraum von vier Jahren wird diese Leasingverbindlichkeit getilgt und die Anschaffungskosten werden über 4 Jahre linear abgeschrieben (17.952 / 4 = 4.488 € pro Jahr). Die folgende Tabelle zeigt die Werte.

Jahr	Maschine	Abschreibungen	Verbindlichkeit	Zinsaufwand	Tilgung
01.01.04	17.952		17.952		
31.12.04	13.464	4.488	13.909	1.257	4.043
31.12.05	8.976	4.488	9.582	973	4.327
31.12.06	4.488	4.488	4.953	671	4.629
31.12.07	0	4.488	0	347	4.953
Summe		17.952		3.248	17.952

Das Leasingobjekt ist beim Leasingnehmer über die kürzere Vertragslaufzeit von 4 Jahren und nicht über die wirtschaftliche Nutzungsdauer abzuschreiben.

Bilanzierung von operating lease

Beim operating lease sind die zu zahlenden Leasingraten vom Leasingnehmer als Aufwand zu verbuchen. Im Rahmen des operating lease ist der Leasinggegenstand beim Leasinggeber im Anlagevermögen zu Anschaffungs- bzw. Herstellungskosten zu aktivieren und über die wirtschaftliche Nutzungsdauer gemäß IAS 16 bzw. 38 abzuschreiben. Die Erlöse aus den Leasingraten sind unabhängig vom Zahlungszufluss linear über die Laufzeit des Leasingvertrags zu verteilen und entsprechend periodengerecht abzugrenzen.

Bilanzierungshilfen

Durch Bilanzierungshilfen können bestimmte Aufwendungen erfolgserhöhend neutralisiert werden, d. h. die Aufwendungen werden als Bilanzierungshilfe aktiviert und damit nicht als Aufwand in der Gewinn- und Verlustrechnung gebucht.

Aufwendungen für Ingangsetzung und Erweiterung des Geschäftsbetriebs

Kapitalgesellschaften haben nach HGB für die Aufwendungen für Ingangsetzung und Erweiterung des Geschäftsbetriebs ein Aktivierungswahlrecht (§ 269 HGB), da es sich hierbei um eine Bilanzierungshilfe handelt.

Zu den Aufwendungen für die Ingangsetzung und Erweiterung des Geschäftsbetriebs, die im Interesse des Aufbaus der Innen- und Außenorganisation getätigt wurden, zählen beispielsweise

- Personalbeschaffungskosten,
- Einführungswerbung,
- Ausgaben für Markstudien,
- Anlaufkosten der Fertigung,
- Organisationsberatungen und
- Ausgaben für Produktdiversifikation.

▪ *Nach IAS ist eine Bilanzierungshilfe nicht möglich, die Aufwendungen sind unmittelbar im Jahr der Entstehung in der Gewinn- und Verlustrechnung zu verrechnen (IAS 38.57). Nur wenn die Voraussetzungen für einen Vermögenswert (asset) erfüllt werden, besteht eine Bilanzierungspflicht.* ▪

Sonderposten mit Rücklageanteil

Beim Sonderposten mit Rücklageanteil handelt es sich um steuerrechtlich gebildete Rücklagen, die handelsrechtlich als Folge des umgekehrten Maßgeblichkeitsprinzips in die Handelsbilanz übernommen werden. Nach IAS/IFRS besteht für diesen Posten ein Ansatzverbot.

Latente Steuern

Latente Steuern stellen einen Korrekturposten dar, der in der Handelsbilanz ausgewiesen wird, wenn das Ergebnis der Handelsbilanz aufgrund anderer Bilanzierungs- und Bewertungsprinzipien von dem der Steuerbilanz abweicht. Ist das Handelsbilanzergebnis größer als in der Steuerbilanz, müssen passive latente Steuern ausgewiesen werden. Im umgekehrten Fall können aktive latente Steuern unter den aktiven Rechnungsabgrenzungsposten gebildet werden.

Die Bilanzierung von latenten Steuern wird in den IAS 12 behandelt. Nach HGB dürfen aktive latente Steuern als Bilanzierungshilfe ausgewiesen werden, da sie Aufwendungen der Periode darstellen und in Zukunft zu Steuererstattungen führen werden. Dagegen besteht für aktive Steuerlatenzen (deffered tax assets) nach IAS/IFRS eine Aktivierungspflicht.

Im Gegensatz zum HGB, das nur die erfolgswirksame latente Steuerabgrenzung kennt (GuV-orientiertes Verfahren: „timing differences"), sehen die IAS/IFRS sowohl die erfolgswirksame als auch die erfolgsneutrale Abgrenzung latenter Steuern vor (vermögens- bzw. bilanzorientiertes Verfahren: „temporary differences").

D. h. nach IAS/IFRS führen auch solche Bewertungsunterschiede zu latenten Steuern, die ohne GuV-Berührung (z. B. Neubewertung oder Einlage) entstanden sind. Außerdem dürfen Vorteile aus Verlustvorträgen nur nach IFRS und nicht nach HGB aktiviert werden.

So bilanzieren Sie latente Steuern

Aktive latente Steuern sind nach IAS für abzugsfähige temporäre Differenzen und steuerliche Verlustvorträge sowie ungenutzte Steuergutschriften zu bilanzieren. Diese entstehen, wenn:

- IFRS-Aktiva < Steuerbilanz-Aktiva: z.B. die außerplanmäßigen Abschreibungen nach IAS/IFRS auf die Vorräte höher sind als die steuerlichen Teilwertabschreibungen.
- IFRS-Passiva > Steuerbilanz-Passiva: z.B. eine Restrukturierungsrückstellung oder eine Drohverlustrückstellung nach IAS/IFRS, die steuerlich nicht gebildet werden darf.
- Steuerliche Verlustvorträge: falls es wahrscheinlich erscheint, dass diese mit zukünftigen Gewinnen verrechnet werden können und im Sinne des Frameworks einen „asset" darstellen.

Würden in den oben genannten Beispielen die latenten Steueransprüche nicht aktiviert werden, wären niedrigere Steueraufwendungen in den folgenden Rechnungslegungsperioden mit überhöhten Handelsbilanzergebnissen verbunden.

Dagegen müssen Sie passive latente Steuern auf steuerpflichtige temporäre Differenzen bilden. Diese entstehen, wenn:

- IFRS-Aktiva > Steuerbilanz-Aktiva: Der Wert eines Gebäudes in der IAS/IFRS-Bilanz ist z. B. höher als der entsprechende Wert in der Steuerbilanz; oder abnutzbare Gegenstände des Anlagevermögens: Abschreibung nach IAS/IFRS linear und steuerrechtlich degressiv.

- IFRS-Passiva < Steuerbilanz-Passiva: Eine Fremdwährungsverbindlichkeit, die z. B. aufgrund einer günstigeren Wechselkursentwicklung nur in der IAS/IFRS-Bilanz unter den Anschaffungskosten liegt; oder Rückstellungen für unterlassene Instandhaltung, die innerhalb der ersten drei Monate des nächsten Geschäftsjahres nachgeholt werden: Ansatzverbot nach IAS 37.14

Da die latenten Steuern nach der „liability-method" abzubilden sind, müssen die latenten Steuern mit den künftigen Steuersätzen zum jeweiligen Eintrittszeitpunkt berechnet werden. Im Anhang des Jahresabschlusses sind die latenten Steuern zu erläutern.

Beispiel: Latente Steuern

Ein Unternehmen das bisher nach HGB bilanziert hat, stellt ab dem 01.01.2004 auf IFRS um. Es wird ein Steuersatz von 40 % zugrunde gelegt. Die folgenden Sachverhalte sind auf IFRS umzustellen:

1. Bisher schrieb das Unternehmen das am 01.01.1989 für 500 T€ erstellte Verwaltungsgebäude entsprechend den steuerrechtlichen Vorschriften über 25 Jahre zu jeweils jährlich 4 % ab. Der Restbuchwert am 01.01.2004 beträgt 200 T€. Die geschätzte wirtschaftliche Gesamtnutzungsdauer beträgt nach IFRS 50 Jahre.
2. Es wurde eine Werkzeugmaschine am 01.01.2003 für 180 T€ angeschafft. In der IFRS-Bilanz wird die Maschine über 4 Jahre und in der Steuerbilanz über 6 Jahre abgeschrieben.
3. Die am 15.09.2003 für 40 T€ gekauften Wertpapiere der Kategorie „available-for-sale securities" haben am 01.01.2004 einen Marktwert von 50 T€. Die Veränderungen der Werte sollen erfolgsneutral berücksichtigt werden.
4. Im Jahr 2003 sind Entwicklungskosten von 40 T€ entstanden. Diese wurden handels- und steuerrechtlich als Aufwand verbucht. Nach IAS

38 erfüllen die Entwicklungskosten die Kriterien für den Ansatz als immaterieller Vermögenswert. Die Nutzungsdauer des immateriellen Vermögenswerts beträgt 4 Jahre.

Die geschilderten Sachverhalte werden in der IFRS-Bilanz wie folgt behandelt:

1. In der IFRS-Eröffnungsbilanz ist das Verwaltungsgebäude so zu bewerten, als ob es schon immer nach IFRS bilanziert worden wäre. Dies bedeutet, dass die planmäßigen kumulierten Abschreibungen angepasst werden müssen, d.h. die Abschreibungsdauer erhöht sich von 25 auf 50 Jahre. Indem der Buchwert angepasst wird, erhöhen sich die Gewinnrücklagen.

   Buchungssatz:

   Gebäude 150 T€

   an Gewinnrücklagen 150 T€

   Da der IFRS-Buchwert des Gebäudes höher ist als der Buchwert der Steuerbilanz müssen passivische latente Steuern in Höhe von 60 T€ (40 % von 150 T€) gebucht werden.

   Buchungssatz:

   Gewinnrücklagen 60 T€

   an passive latente Steuern 60 T€

2. Die Maschine wird in der IFRS-Bilanz mit 45 T€ und in der Steuerbilanz mit 30 T€ pro Jahr abgeschrieben. Da der IFRS-Buchwert der Maschine kleiner als Buchwert der Steuerbilanz ist, müssen aktive latente Steuern in Höhe von 6 T€ (40 % von 15 T€) gebildet werden.
3. Bei den available-for-sale securities hat die Folgebewertung nach IFRS zum „fair value“ zu erfolgen. In der Steuerbilanz stellen die Anschaffungskosten den Höchstwert dar. D.h. die Wertpapiere werden in der IFRS-Bilanz mit 50 T€ und in der Steuerbilanz mit 40 T€ bewertet.

Buchungssätze:

available-for-sale 10 T€

an Neubewertungsrücklage 10 T€

Neubewertungsrücklage 4 T€

an passive latente Steuern 4 T€

4. Die Entwicklungskosten werden nach IFRS aktiviert und über die Nutzungsdauer von 4 Jahren abgeschrieben, d.h. mit jährlich 10 T€. Der Bilanzansatz zum 01.01.2004 erfolgt mit 30 T€.

   Buchungssätze:

   Immaterieller Vermögenswert 30 T€

   an Gewinnrücklagen 30 T€

   Gewinnrücklagen 12 T€

   an passive latente Steuern 12 T€

▪ *Die latenten Steuern haben in den IAS/IFRS-Abschlüssen eine wesentlich größere Bedeutung als in den HGB-Abschlüssen. Die IAS/IFRS erfassen bei der Steuerabgrenzung sowohl die zeitlich begrenzten Differenzen als auch die quasi-permanenten Differenzen, das HGB aber nur die zeitlich begrenzten Differenzen.* ▪

Die wichtigsten Punkte im Vergleich

Zum Abschluss dieses Kapitels zeigen Ihnen die folgenden Tabellen die wesentlichen Unterschiede zwischen der HGB- und IAS/IFRS-Rechnungslegung im Überblick:

Rahmenbedingungen	**HGB**	**IAS/IFRS**
Hauptadressaten	Fremdkapitalgeber (kreditorientierte Rechnungslegung)	Eigenkapitalgeber (kapitalmarktorientierte Rechnungslegung)
Zielsetzung	Zahlungsbemessungsfunktion	Informationsfunktion
Rechnungslegungszweck	Gläubigerschutz und Kapitalerhaltung	Anlegerschutz, investorenorientierte Rechnungslegung
Steuerliche Einflüsse	Maßgeblichkeit und umgekehrte Maßgeblichkeit	kein Einfluss, Trennung von Handels- und Steuerbilanz
Vorherrschendes Prinzip	Vorsichtsprinzip	periodengerechte Erfolgsermittlung

Bilanzposten	**HGB**	**IAS/IFRS**
Bilanzierungshilfen: Aufwendungen für Ingangsetzung und Erweiterung des Geschäftsbetriebs	Aktivierungswahlrecht	Aktivierungsverbot
Immaterielle Vermögensgegenstände:	AHK	AHK (Neubewertung möglich)
– erworbene	Aktivierungsgebot	Aktivierungsgebot
– selbst geschaffene	Aktivierungsverbot	Aktivierungsgebot unter Voraussetzungen
Entwicklungskosten	Aktivierungsverbot	Gebot, wenn 5 Kriterien erfüllt
derivativer Firmenwert	Aktivierungswahlrecht	Aktivierungspflicht

Sachanlagen	AHK (= Obergrenze), meist steuerrechtliche Abschreibungstabellen, außerplanmäßige Abschreibung auf beizulegenden Wert; Wertaufholungsgebot	AHK (Neubewertung möglich), Abschreibung nach wirtschaftlicher Nutzung, außerplanmäßige Abschreibung auf Verkaufswert; Wertaufholungsgebot
Vorräte Langfristige Auftragsfertigung	maximal AHK, Voll- u. Teilkostenbewertung möglich „completed-contract" Methode	maximal AHK, Vollkostenbewertung „percentage-of-completion" Methode
Finanzanlagen	Unterscheidung zwischen Anlage- und Umlaufvermögen maximal AK, gemildertes/strenges Niederstwertprinzip Wertaufholungsgebot	Wertpapierkategorien: – trading securities – held-to-maturity securities – available-for-sale securities – self originated loans and receivables beizulegender Wert bzw. fortgeführte AK (Neubewertung mgl.) Wertaufholungsgebot
Forderungen	Pauschalwertberichtigungen (mit stillen Reserven) Fremdwährungsford.: max. AK oder niedrigerer Stichtagskurs	angemessene Wertberichtigungen Fremdwährungsforderungen werden zum fair value (Stichtagskurs) bewertet
Leasing	keine spezifische Regelung: Grundmietzeit > 40 % oder < 90 % der betriebsgewöhnlichen Nutzungsdauer → Ansatz durch Leasinggeber	– finance lease: Ansatz durch Leasingnehmer – operating lease: Ansatz durch Leasinggeber

Aktive latente Steuern	Aktivierungswahlrecht mit Ausschüttungssperre	Aktivierungspflicht, wenn wahrscheinlich
Eigenkapital	eigene Aktien unter Wertpapieren, keine Vorschriften für Vorzugsaktien	eigene Aktien im Eigenkapital (mindern das gez. Kapital), Vorzugsaktien als Fremdkapital
Eigenkapital	Gliederung: – gez. Kapital – Kapitalrücklagen – Gewinnrücklagen – Rücklagen für eigene Anteile – Gewinn-/Verlustvortrag – Jahresüberschuss/ -fehlbetrag	Gliederung: – gez. Kapital – Kapitalrücklagen – Neubewertungsrücklage – ausschüttungsgesperrte Rücklage – Gewinnrücklagen – Minderheitenanteile
Sonderposten mit Rucklageanteil	Ergibt sich nur aus dem umgekehrten Maßgeblichkeitsprinzip.	Gibt es nicht. Steuerbelastung unter latenten Steuern, kein Maßgeblichkeitsprinzip
Fremdwährungsverbindlichkeiten	Valuta-Umrechnung zum Kurs bei Erstverbuchung oder höherer Stichtagskurs	Umrechnung zuerst zum Kurs bei Erstverbuchung, später zum Stichtagskurs, unrealisierte Gewinne möglich
Rückstellungen Mindesteintrittswahrscheinlichkeit	großer Ermessensspielraum, es dürfen auch Aufwandsrückstellungen gebildet werden. Aufgrund des Vorsichtsprinzips niedrigere Wahrscheinlichkeit als 50 %	enge Vorgaben, es existieren nur Pflichtrückstellungen, die immer eine Außenverpflichtung voraussetzen. mindestens > 50 %

Pensionsrückstellungen	Passivierungspflicht für Neuzusagen ab 1.1.1987; Anwartschaftsdeckungsverfahren, Teilwertverfahren, meist zu niedrig bewertet (keine Dynamisierung)	Passivierungspflicht; Anwartschaftsbarwertverfahren, korrekter bewertet (Dynamisierung, d.h. Lohn-, Gehalts- u. Rentenentwicklungen werden berücksichtigt)

Bewertung nach HGB und IAS/IFRS

Bewertung	**HGB**	**IAS/IFRS**
Einzelbewertung	ja	ja
Bewertungsgrundsatz	Obergrenze: AHK	Neubewertung möglich
Festwert	zulässig	evtl. zulässig
Nutzungsdauer	steuerlich beeinflusst	geschätzte tatsächliche Nutzungsdauer
Bewertungsmaßstäbe AHK Wiederbeschaffungskosten Verkaufswert Gegenwartswert Wertaufholung Neubewertung außerplanm. Abschreibungen steuerl. Abschreibungen	 ja ja ja Ja Pflicht (Kapitalges.) Verbot Wertminderung: dauernd = Pflicht, vorübergehend = Wahlrecht bei AV Wahlrecht	 ja nein ja ja Pflicht Wahlrecht Pflicht Verbot
Möglichkeit zur Bildung stiller Reserven	in großem Umfang durch Wahlrecht und Ermessensspielraum	stark eingeschränkt durch true and fair view sowie fair presentation

Welche Vorteile kann die Umstellung bieten?

Wollen Sie Ihr Rating verbessern oder die Höhe Ihres Periodengewinns beeinflussen? Das folgende Kapitel zeigt Ihnen, wie Sie die bilanzpolitischen Spielräume der IAS gezielt zu Ihren Gunsten nutzen können.

Nutzen Sie Gestaltungsspielräume

Viele Unternehmen stellen sich die Frage: Welche Vorteile könnte die bis 2005 geforderte Bilanzierung nach IAS/IFRS bieten? Zumal eine Umstellung sowie ein geforderter Doppelabschluss mit erheblichen Mehrkosten verbunden ist.

▪ *Die Regeln der IAS/IFRS räumen den Unternehmen vor allem bei der Erstumstellung Spielräume zur Gestaltung ihrer Vermögenswerte ein, die es bei der Bilanzierung nach HGB in diesem Maße nicht gibt.* ▪

Diese Gestaltungsspielräume treten zwar am deutlichsten zu Tage, wenn die neuen Bilanzierungsstandards erstmalig angewendet werden, dennoch sollten Sie auch die Möglichkeiten, die sich bei der späteren Fortschreibung der Wertansätze eröffnen, nicht unterschätzen.

So muss die Umstellung auf IFRS z. B. grundsätzlich retrospektiv erfolgen. Aber es gibt Ausnahmen. Genau umschriebene Sachverhalte sind nicht an die retrospektive Umstellung nach IFRS gebunden (Befreiungswahlrechte). Dazu gehören:

1. fair value (Neubewertung) als fiktive Anschaffungs- und Herstellungskosten,
2. Unternehmenszusammenschlüsse,
3. Bewertung von Pensionsverpflichtungen,
4. kumulierte Währungsumrechnungsdifferenz,
5. hybride Finanzinstrumente,

6. assets und liabilities von Tochter-, Gemeinschaftsunternehmen und assoziierten Unternehmen.

Aufgrund dieser Befreiungswahlrechte darf ein Unternehmen aus Vereinfachungsgründen anstelle der Wertansätze der einschlägigen IFRS bestimmte Ersatzmaßstäbe für ausgewählte Vermögenswerte ansetzen.

Sie können z. B. Gegenstände des Sachanlagevermögens, investment properties und immaterielle Vermögenswerte zum beizulegenden Zeitwert (fair value) bewerten. Dieser Zeitwert stellt dann die neue Kostenbasis dar (deemed cost) und bildet die Grundlage für die zukünftigen Abschreibungen. Ihrem Unternehmen entsteht daraus ein großer bilanzpolitischer Spielraum.

In den folgenden Abschnitten geht es vor allem um die Fragen:

- Wie können Sie Ihr Rating verbessern?
- Wie können Sie die Höhe Ihres Unternehmenserfolgs steuern?
- Wie kann eine Umstellung auf IAS/IFRS in der Praxis aussehen und welche Auswirkungen kann sie auf den Konzernabschluss haben. Dazu wird Ihnen beispielhaft gezeigt, wie die Volkswagen AG auf IAS/IFRS umgestellt hat.

Die einzelnen Bilanzierungsregeln werden nicht mehr näher erläutert, da Sie dazu bereits im Kapitel „Die wichtigsten Bilanzierungs- und Bewertungsfragen" detaillierte Informationen erhalten haben. Dieser Abschnitt soll Ihnen vielmehr zeigen, wie Sie die verschiedenen Vorschriften gezielt im Hinblick auf die oben genannten Aspekte nutzen können.

So verbessern Sie Ihr Rating

Die erstmalige Umstellung auf IFRS bietet Ihnen unter anderem die Chance, die Eigenkapitalquote Ihres Unternehmens zu erhöhen und somit Ihre Kreditchancen zu verbessern, da die Eigenkapitalquote beim Banken-Rating eine wichtige Rolle spielt.

Nutzen Sie folgende Möglichkeiten nach IAS/IFRS:

- Aktivieren Sie bestimmte Teile der selbst erstellten immateriellen Werte (Entwicklungskosten) des Anlagevermögens.
- Der Goodwill wird nicht mehr planmäßig abgeschrieben, es wird vielmehr mit einem Impairmenttest festgestellt, ob eine Wertminderung vorliegt oder nicht. Nur wenn eine Wertminderung nachgewiesen wird, müssen Sie eine außerplanmäßige Abschreibung vornehmen.
- Ermitteln Sie die betriebswirtschaftliche Nutzungsdauer für Ihre Abschreibungen. Da diese meist länger ist als die bisherigen handels-/steuerrechtlichen Zeiträume für Abschreibungen, können Sie entsprechend retrospektiv umstellen. Dies erhöht Ihre Vermögenswerte und somit das Eigenkapital.
- Nutzen Sie die Möglichkeit der Neubewertungsmethode (allowed alternative treatment) von Posten des Anlage-

vermögens. Meist führt dies zu einem höheren Anlagevermögensausweis.

- Wertpapiere der Kategorien „available-for-sale" und „trading" können Sie mit den über den Anschaffungskosten liegenden Marktwerten (fair value) ausweisen.
- Weisen Sie die noch nicht realisierten Gewinne aus der Umrechnung von Fremdwährungsforderungen aus.
- Ihre Vorräte sind nach IAS/IFRS zu Vollkosten zu bewerten. Zudem erhöht sich normalerweise der Bestand an unfertigen Erzeugnissen, wenn Sie die percentage-of-completition Methode anwenden.
- Aktivieren Sie latente Steuern auf Verlustvorträge, wenn die Kriterien erfüllt sind.
- Aufwandsrückstellungen dürfen nach IAS/IFRS nicht ausgewiesen werden. Zinsen Sie die sonstigen Rückstellungen ab, sofern das Kriterium Wesentlichkeit zutrifft. Setzen Sie die sonstigen Rückstellungen nur zum Erwartungswert an.
- Zinsen Sie Verbindlichkeiten im Falle der Wesentlichkeit ab. Weisen Sie Gewinne aus der Umrechnung von Fremdwährungsverbindlichkeiten aus.

■ *Mit den oben genannten Maßnahmen haben Sie die Chance, die Kreditwürdigkeit Ihres Unternehmens bei den Banken zu verbessern.* ■

So weisen Sie einen höheren Erfolg aus

Die Aktivierungs-, bzw. Passivierungsregeln der einzelnen Bilanzposten wurden in den vorherigen Abschnitten bereits besprochen. Dieses Kapitel gibt Ihnen einen Überblick darüber, welche möglichen Auswirkungen die verschiedenen Bilanzierungsvorschriften auf den Periodengewinn haben können – mit anderen Worten: wie Sie Ihren Periodengewinn beeinflussen können.

Grundsätzlich gilt: Im Rahmen der allowed treatment Methode können Sie Ihre Vermögenswerte neu bewerten und eventuell einen höheren Wert als die Anschaffungskosten erhalten. Im Handelsrecht hingegen stellen die fortgeführten Anschaffungs- und Herstellungskosten die Wertobergrenze dar.

Immaterielle Vermögensgegenstände

Während Forschungskosten weder nach HGB noch nach IAS/IFRS aktivierungsfähig sind, besteht für die Entwicklungskosten nach IAS/IFRS eine Aktivierungspflicht, wenn die fünf Kriterien, die Sie aus dem Abschnitt „Forschungs- und Entwicklungskosten" kennen, erfüllt sind. Faktisch entspricht dies eigentlich einem Aktivierungswahlrecht. Nach HGB besteht für die Entwicklungskosten hingegen ein Aktivierungsverbot.

▪ *Da die Abgrenzung zwischen Forschungs- und Entwicklungskosten nicht einfach ist, und ein Wirtschaftsprüfer es sehr schwer haben dürfte die Realisierbarkeit z.B. eines Softwareprogramms zu beurteilen, kann Ihnen diese IAS/IFRS-Regel die Möglichkeit bieten, Ihr Unternehmen auf der Vermögensseite der Bilanz etwas reicher zu rechnen.* ▪

Für selbst geschaffene immaterielle Vermögensgegenstände besteht nach IAS/IFRS – wie Sie aus dem Kapitel „Immaterielle Vermögensgegenstände" wissen – unter bestimmten Bedingungen eine Aktivierungspflicht, wohingegen nach HGB ein striktes Aktivierungsverbot besteht.

Bezüglich des derivativen Firmenwerts (Goodwill) gibt es zwar nach HGB ein Aktivierungswahlrecht, da aber steuerrechtlich eine Aktivierungspflicht besteht, wird der derivative Firmenwert in den meisten Fällen auch in der Handelsbilanz aktiviert und planmäßig (meist über die steuerlichen 15 Jahre) abgeschrieben.

Nach IAS/IFRS besteht eine Aktivierungspflicht. Da es zukünftig keine planmäßige Abschreibung mehr gibt, wird nur noch außerplanmäßig abgeschrieben.

Somit haben Sie eventuell die Chance, den Goodwill entsprechend der geforderten Situation entweder beizubehalten oder außerplanmäßig abzuschreiben. Dies wirkt sich auf den Gewinn aus.

Es wird jedes Jahr geprüft, ob der Goodwill noch werthaltig ist. Können Sie die Wirtschaftsprüfer überzeugen, entfallen die bisherigen Abschreibungen und der Gewinn steigt auf dem Papier.

Sachanlagevermögen

Gemäß HGB bilden die Anschaffungs- und Herstellungskosten abzüglich eventueller planmäßiger Abschreibung die Wertobergrenze für die Folgebewertung. Eine außerplanmäßige Abschreibung müssen Sie nach HGB nur bei einer dauerhaften Wertminderung durchführen. Die Herstellungskosten können zu Teilkosten oder Vollkosten bewertet werden. Nach HGB besteht für Kapitalgesellschaften ein Zuschreibungsgebot wenn ein Gut außerplanmäßig abgeschrieben wurde und die Ursache dafür nicht mehr besteht.

Nach IAS/IFRS können Sie das Sachanlagevermögen neu bewerten. Die Bewertung erfolgt immer zu Vollkosten, außerdem besteht ein Aktivierungswahlrecht bei qualifying asset für die Finanzierungskosten.

Die IAS/IFRS-Regelungen erlauben ein Wahlrecht zwischen zwei Behandlungsmethoden, dem benchmark treatment und dem allowed alternative treatment. Bei dem allowed alternativ treatment sind Zuschreibungen auch dann möglich, wenn vorher keine außerplanmäßigen Abschreibungen vorgenommen wurden.

Wenn Sie nach der Bewertungsmethode des allowed alternative treatment vorgehen, können Sie Sachanlagen neu bewerten, ohne dass eine Obergrenze besteht.

Die Bewertung zum fair value mit dem allowed alternative treatment erfolgt durch eine erfolgsneutrale Buchung, d. h. nur die Eigenkapitalquote wird verbessert. Da das Abschreibungsvolumen einer Sachanlage nach IAS 16 auf Basis der wirtschaftlichen Nutzungsdauer zu verteilen ist, können Sie den Abschreibungszeitraum länger bemessen als nach den steuerlichen AfA-Tabellen. Wenn Sie den Zeitraum der wirtschaftlichen Nutzungsdauer anpassen, verringern sich die Abschreibungen und der Gewinn erhöht sich.

Finanzanlagen

Finanzanlagen dürfen Sie nach Handelsrecht höchstens zu Anschaffungskosten bewerten.

Gemäß IAS 39.68 können Sie Wertpapiere in drei verschiedene Kategorien einteilen:

- trading securities = sind zum Handel vorgesehen,
- held-to-maturity = werden bis zur Fälligkeit gehalten und
- available-for-sale securities = können veräußert werden.

Alle Wertpapiere sind im Anschaffungsjahr mit den Anschaffungskosten zu bewerten. In den Folgejahren werden die trading securities und die available-for-sale securities mit dem fair value bewertet, die held-to-maturity securities mit den amortized costs (= Anschaffungskosten – Abschreibungen).

Wenn Sie die IAS/IFRS Vorschriften anwenden, haben Sie die Möglichkeit, höhere Vermögenswerte und einen höheren Gewinn auszuweisen als bei der Bilanzierung nach HGB.

Durch die Wahl, welcher Kategorie Sie Wertpapiere zuordnen, ergeben sich Bewertungsunterschiede. Die Wertanpassungen können erfolgswirksam oder erfolgsneutral erfolgen:

- trading securities
  - Gewinn: → erfolgswirksam
  - Verlust: → erfolgswirksam
- available-for-sale securities
  - Gewinn: → erfolgsneutral
  - vorübergehender Verlust: → erfolgsneutral
  - dauerhafter Verlust: → erfolgswirksam

Beispiel: Wertpapierkategorien
Ein Unternehmen hat Buchverluste beim Aktienbestand in Höhe von 10 Mio. €. Falls die Aktien als Handelsbestand eingestuft werden, verringert sich der Gewinn des Unternehmens um 10 Mio. € wie nach HGB.

Werden die Aktien aber nicht dem Handelsbestand zugeordnet, sondern den available-for-sale securities, verringert sich der Gewinn nicht, da die Buchverluste erfolgsneutral mit dem Eigenkapital verrechnet werden können.

Vorräte

Bewerten Sie Vorräte nach HGB, gilt das strenge Niederstwertprinzip. Die Obergrenze für den Ansatz von Vorräten sind die Anschaffungs- bzw. Herstellungskosten. Die selbst hergestellten Vorräte (fertige und unfertige Erzeugnisse) können nach HGB entweder zu Teilkosten, und dann nur mit Einzelkosten, oder alternativ zu Vollkosten bewertet werden.

Nach IAS/IFRS ist ein Teilkostenansatz nicht zulässig, die Bewertung erfolgt zu Vollkosten, wobei Sie bei so genannten qualifying assets Fremdkapitalzinsen ansetzen können.

Nach IAS/IFRS werden Sie bei der Langfristfertigung in der Regel die percentage-of-completition Methode anwenden und nur in Ausnahmen (falls eine zuverlässige Schätzung unmöglich ist) die completed-contract Methode wie nach HGB.

Die percentage-of-completion Methode schreibt eine Teilgewinnrealisierung vor, d. h. der Gewinn muss entsprechend dem Fertigstellungsgrad gleichmäßig auf die Perioden verteilt werden.

Bei der completed-contract Methode wird dagegen der Gesamtgewinn als Ganzes erst in der letzten Periode ausgewiesen, in der er realisiert worden ist. Dies führt zu einem wesentlich geringeren Gewinn in den Perioden vor der Fertigstellung und zu einem viel höheren Gewinn in der Fertigstellungsperiode. Der Einfluss auf den Periodengewinn ist beträchtlich.

Ein Beispiel aus der Praxis: So hat VW umgestellt

Der folgende Abschnitt zeigt Ihnen, wie die Volkswagen AG nach IAS/IFRS umgestellt hat und welche Auswirkungen dies für ihre Rechnungslegung hatte.

Grundlagen für das Beispiel bilden die Geschäftsberichte 2000 und 2001 der Volkswagen AG sowie die Informationen aus dem Internet: www.volkswagen-ir.de/download/Q1_02/20020313_teach in.pdf.

So wurde das Eigenkapital auf IAS übergeleitet

Im Geschäftsjahr 2001 hat die Volkswagen AG erstmals einen Konzernabschluss nach IAS aufgestellt. Bereits für das Jahr 2000 wurde nach diesen Grundsätzen als vergleichbarer Ausgangspunkt eine Bilanz und GuV-Rechnung aufgestellt.

Wie hat sich die Umstellung vom HGB- auf den IAS/IFRS-Abschluss auf das Eigenkapital der Volkswagen AG ausgewirkt? Sehen Sie hierzu die folgende, auf den 01.01.2000 bezogene Tabelle (alle Angaben in Mio. €):

Eigenkapital gemäß HGB zum 01.01.2000	9.811
Aktivierung von Entwicklungskosten	+ 3.982
geänderte Nutzungsdauern u. Abschreibungsmethoden im Anlagevermögen u. bei den immateriellen Vermögenswerten	+ 3.483
Aktivierung der Gemeinkosten in den Vorräten	+ 653
abweichende Behandlung von Leasingverträgen als Leasinggeber	+ 1.962
abweichende Bewertung von Finanzinstrumenten	+ 897
Auswirkung latenter Steuern	- 1.345
Eliminierung von Sonderposten	+ 262
geänderte Bewertung von Pensions- und pensionsähnlichen Verpflichtungen	- 633
geänderte Bilanzierung von Rückstellungen	+ 2.022
Ausweis der Anteile fremder Gesellschafter außerhalb des Eigenkapitals	- 197
sonstige Veränderungen	+ 21
Eigenkapital gemäß IAS zum 01.01.2000	20.918

Das Eigenkapital der Volkswagen AG erhöhte sich durch die Umstellung um 11.107 Mio. € auf 20.918 Mio. €. Dies entspricht einer Steigerung von 113,21 %.

Die nachfolgende Tabelle zeigt die Überleitung des HGB Ergebnisses auf das IAS Ergebnis bezogen auf die Geschäftsjahre 2000 und 2001 (alle Angaben in Mio. €).

	2000	2001
HGB-Ergebnis vor Steuern	+ 3.469	+ 3.755
Aktivierung von Entwicklungskosten (saldiert mit Abschreibungen)	+ 359	+ 1.205
Sachanlagen und immaterielle Vermögenswerte	+ 577	+ 102
Bewertung von Leasinggeschäften	+ 641	+ 119
Bewertung von Forderungen und fair values	- 411	- 100
Bewertung eigene Aktien	0	+ 94
Veränderung der Vorräte	+ 83	- 48
Bewertung Pensionsrückstellungen	- 54	- 543
Veränderung sonstiger Rückstellungen	- 1.010	-192
Sonstige Veränderungen	+ 65	+ 17
IAS-Ergebnis vor Steuern	+ 3.719	+ 4.409

Einzelne Posten im Detail

Die folgenden Abschnitte beleuchten verschiedene Posten der vorhergehenden Tabelle genauer. Besonderes Augenmerk wird auf die Unterschiede in der Rechnungslegung zwischen IAS und HGB gelegt. Die einzelnen Bilanzierungsregeln werden dabei nicht mehr näher erläutert – dies ist detailliert schon im vorigen Kapitel geschehen.

So wurden Entwicklungskosten aktiviert

HGB	IAS
Keine Aktivierung der Entwicklungskosten	Aktivierung bei vorrausichtlichem wirtschaftlichem Nutzen der Produkte. Aktivierung beginnt mit Entscheidung über Serienproduktion. Die Nutzungsdauer entspricht der voraussichtlichen Modelllaufzeit. Abschreibungen beginnen im Monat nach Produktionsbeginn. Jährlicher Impairmenttest: gegebenenfalls Sonderabschreibungen

Die Entwicklungskosten für jene Produkte, die wahrscheinlich einen wirtschaftlichen Nutzen bringen, wurden – anders als gemäß HGB – nach IAS 38 aktiviert. Dadurch erhöhen sich die immateriellen Vermögenswerte und der Gewinn steigt. Im Jahr 2001 wurden 2.180 Mio. € Entwicklungskosten aktiviert.

Die Abschreibung erfolgt linear ab dem Produktionsbeginn über die vorgesehene Laufzeit (zwischen 5 und 10 Jahre) der entwickelten Modelle bzw. Aggregate.

Sachanlagen und immaterielle Vermögenswerte

HGB	IAS
Steuerlich zulässige Abschreibungen sind erlaubt: – degressive Abschreibungen – Sonderabschreibungen – Halbjahresregel – Mehrschichtabschreibungen	– Verlängerung der Nutzungsdauer auf die wirtschaftliche Nutzungsdauer – Verbot steuerrechtlicher Abschreibungen – Anwendung der linearen Abschreibungsmethode

Das bewegliche Sachanlagevermögen wurde nach IAS nicht über die steuerliche, sondern über die voraussichtliche Nutzungsdauer linear pro rata temporis abgeschrieben. Degressive, Halbjahres- und Mehrschichtabschreibungen nach HGB kamen nicht mehr zum Ansatz.

Gemietete Sachanlagen wurden bei gleichzeitiger Passivierung der daraus entstandenen Verbindlichkeiten aktiviert, sofern das wirtschaftliche Eigentum an den Sachanlagen nach IAS 17 dem Konzern zugeordnet werden konnte. Geleaste Sachanlagen, die zum finance lease gehören, wurden zu den AHK bzw. zum niedrigeren Barwert der Mindestleasingzahlungen aktiviert.

So wurden Leasinggeschäfte bewertet

HGB	IAS
Finanzierungs- und Operating Leasing: Aktivierung und degressive Abschreibung der vermieteten Gegenstände	– Finanzierungs-Leasing: Bilanzierung der abgezinsten Leasingraten als Forderung – Operating-Leasing: Aktivierung und lineare Abschreibung der vermieteten Gegenstände

Verbindlichkeiten aus Finanzierungs-Leasing Verträgen wurden nach IAS mit dem Barwert der Leasingraten ausgewiesen. Die Abschreibung der Vermögenswerte erfolgte nur noch linear, nicht mehr degressiv.

Die geleasten Vermögenswerte beim Finanzierungs-Leasing wurden aktiviert, dadurch hat sich der Vermögenswert bei der Umstellung erhöht. Die abgezinsten Leasingraten wies der Leasinggeber als Forderungen aus.

So wurden Forderungen, Verbindlichkeiten, Wertpapiere und Derivate bewertet

HGB	IAS
– Anschaffungskosten als Bewertungsobergrenze (strenges Niederstwertprinzip) – Bei Devisentermingeschäften werden nur Risiken berücksichtigt; Chancen dürfen nicht aktiviert werden. – Gesicherte Forderungen und Verbindlichkeiten werden zum Sicherungskurs bilanziert.	– Bewertung zu fortgeführten Anschaffungskosten (nicht gesicherte Forderungen und Verbindlichkeiten) bzw. zu fair value (gesicherte Forderungen, Verbindlichkeiten, Wertpapiere, Derivate) – Handelsgeschäfte sind sofort ergebniswirksam (IAS 39). – Grundsätzlich werden auch Chancen bilanziert.

Die Wertpapiere wurden nach IAS grundsätzlich erfolgswirksam mit ihrem Zeitwert bilanziert, auch wenn dieser höher als die Anschaffungskosten war.

Dasselbe gilt für die derivativen Finanzinstrumente. Fremdwährungsforderungen und -verbindlichkeiten wurden mit dem Mittelkurs am Bilanzstichtag bewertet statt nach dem Imparitätsprinzip.

Die Finanzinstrumente wurden zu fortgeführten Anschaffungskosten oder dem beizulegenden Zeitwert bilanziert.

Mittel- und langfristige Verbindlichkeiten wurden unter Einbeziehung von Kapitalaufnahmekosten nach der Effektivzinsmethode bilanziert.

Welche Veränderungen gab es bei den Vorräten?

HGB	IAS
Bei VW wurden bisher nur Einzelkosten aktiviert.	Bewertung zu fertigungsbezogenen Vollkosten: Einzelkosten + Fertigungsgemeinkosten+ Materialgemeinkosten + planmäßige Abschreibungen (auch auf Entwicklungskosten) + produktbezogene Verwaltungs- und Sozialkosten

Die Herstellungskosten der Vorräte enthalten neben den Einzelkosten angemessene Teile der notwendigen Material- und Fertigungsgemeinkosten sowie fertigungsbedingte Abschreibungen, die direkt dem Herstellungsprozess zugeordnet werden können. Verwaltungskosten der Produktion werden ebenfalls dazugerechnet. Dadurch erhöhten sich die Bestände der unfertigen und fertigen Erzeugnisse.

Wie wurden die Pensionsrückstellungen bewertet?

HGB	IAS
– Steuerliches Teilwertverfahren – Zukünftige Lohn- und Gehaltssteigerungen werden nicht berücksichtigt. – Kapitalisierungszinsfuß 5 %	– Anwartschaftsbarwertverfahren – Berücksichtigung langfristiger Trendannahmen hinsichtlich zukünftiger Gehalts- und Rentensteigerungen. – Anwendung lokaler Kapitalmarktzinssätze zur Abzinsung der Pensionsverpflichtung.

Die Pensionsrückstellungen wurden nach dem Anwartschaftsbarwertverfahren gemäß IAS 19 unter Berücksichtigung zukünftiger Gehalts- und Rentensteigerungen ermittelt. Dadurch erhöhten sich die Rückstellungen und das Ergebnis wurde somit gemindert.

Veränderung sonstiger Rückstellungen

HGB	IAS
– Rückstellungsbildung schon möglich bei Eintrittswahrscheinlichkeit unter 50 % – Hoher Ermessensspielraum – Aufwandsrückstellungen möglich	– Rückstellungsbildung nur bei Verpflichtung gegenüber Dritten (keine Aufwandsrückstellungen) – Hohe Anforderung an Wahrscheinlichkeit der Inanspruchnahme – Abzinsung langfristiger Rückstellungen

Rückstellungen für unterlassene Instandhaltung durften nach IAS nicht mehr gebildet werden. Mittel- und langfristige Rückstellungen wurden mit ihrem Barwert angesetzt. Gemäß IAS 37 werden Rückstellungen nur gebildet, soweit gegenüber Dritten Verpflichtungen aus vergangenen Ereignissen bestehen, die künftig wahrscheinlich zu einem Abfluss von Ressourcen führen und deren Höhe zuverlässig geschätzt werden kann. Wenn Rückstellungen gebildet werden, ist der Ermessensspielraum nach IAS geringer als nach HGB. Die sonstigen Rückstellungen sind i. d. R. nach IAS niedriger als nach HGB.

Dieses Beispiel sollte Ihnen einen Einblick darüber vermitteln, an welchen Posten sich Veränderungen bei der Umstellung von HGB auf IAS am deutlichsten bemerkbar machen und wie sich diese Änderungen auf die Vermögenslage und das Ergebnis auswirken.

Literaturverzeichnis

Born, K.: Rechnungslegung international – Einzel und Konzernabschlüsse nach IAS, US-GAAP, HGB und EG-Richtlinien, 3. Auflage, Stuttgart, 2002

Buchholz, R.: Internationale Rechnungslegung: Die Vorschriften nach IAS, HGB und US-GAAP im Vergleich, 3. Auflage, Berlin, 2003

Förschle, G. / Holland, B. / Kroner, M.: Internationale Rechnungslegung, 6. Auflage, Heidelberg, 2003

Hayn, S.; Graf Waldersee, G.: IAS/US-GAAP/HGB im Vergleich, 3. Auflage, Stuttgart, 2002

IAS-/SIC-Vorschriften im Amtsblatt der EU veröffentlicht: http://www.standardsetter.de/drsc/docs/press_releases/EG-verordnung_Uebernahme%20IAS_290903_deutsch.pdf

Jebens, C.: IAS kompakt: Leitfaden für die Umstellung im Unternehmen, Stuttgart, 2003

Lüdenbach, N.: International Accounting Standards, 3. Auflage, Freiburg, 2004

Lüdenbach, N. und Hoffmann W.-D.: Haufe IAS Kommentar, Freiburg, 2003

Wagenhofer, A.: Internationale Rechnungslegungsstandards: IAS/IFRS, 4. Auflage, Frankfurt/Wien, 2003

Internet

www.volkswagen-ir.de/download/ Q1_02/20020313_teach_in.pdf

www.iasb.org.uk

www.fasb.org

www.iasplus.com/agenda/timetabl.htm

www.eubusiness.com

europa.eu.int/comm/internal-market/accounting/index_de.htm

www.standardsetter.de/drsc/news/news.php

Glossar

Asset: Vermögenswerte, Aktiva

Bilanzierungshilfen: Aufwendungen, die weder zu einem Vermögensgegenstand noch zu einem Rechnungsabgrenzungsposten führen und sich eigentlich sofort gewinnmindernd auswirken müssten. Sie werden aktiviert und erhöhen den Gewinn in dem Jahr, in dem sie in Anspruch genommen werden.

Disagio (Abgeld): Betrag, um den der Ausgabebetrag eines Darlehens geringer ist als der Rückzahlungsbetrag.

Effektivzinsmethode: Ein Wertpapier oder eine Schuld wird unter Verwendung des effektiven Zinssatzes bewertet. Effektiver Zinssatz = Kalkulationszinssatz mit dem der erwartete zukünftige Zahlungsmittelzufluss bis zur Endfälligkeit auf den gegenwärtigen Buchwert des Wertpapiers/Schuld abgezinst wird (= interne Rendite).

erfolgsneutral: Eine Zu- oder Abschreibung ist erfolgsneutral, wenn sie nicht über die GuV-Rechnung, sondern über die Eigenkapitalrücklage (Neubewertungsrücklage) erfolgt.

erfolgswirksam: Erfolgswirksame Geschäftsvorfälle werden auf Erfolgskonten (Ertrags- oder Aufwandskonten der GuV) gebucht.

Erzielbarer Betrag (recoverable amount): Er wird aus dem jeweils höheren Wert aus Marktwert und „value in use", d. h. Barwert aller künftigen Cashflows, die der Vermögenswert erwirtschaftet, ermittelt.

Festbewertung: Bewertungsvereinfachungsverfahren bei der Inventur. Sie ist möglich, wenn Vermögensgegenstände regelmäßig ersetzt werden und für das Unternehmen nur von nachrangiger

Bedeutung sind. Diese Gegenstände können mit dem Festwert, d.h. einer gleichartigen Menge und einem gleich bleibenden Wert angesetzt werden, sofern ihr Bestand nur geringen Veränderungen unterliegt.

Finance lease: Leasingvertrag, bei dem alle Risiken und Nutzungen auf den Leasingnehmer übergehen.

Imparitätsprinzip: Alle Risiken und drohenden Verluste, die bis zum Abschlussstichtag entstanden sind, müssen, auch wenn sie noch nicht angefallen sind, berücksichtigt werden.

Maßgeblichkeitsprinzip: Die Handelsbilanz stellt die Grundlage für die Erstellung der Steuerbilanz dar. Umgekehrte Maßgeblichkeit: Falls Wahlrechte für steuerliche Vergünstigungen in Anspruch genommen werden möchten, so müssen diese auch in der Handelsbilanz entsprechend ausgeübt werden.

Niederstwertprinzip: Von zwei möglichen Wertansätzen bei der Bewertung von Vermögensgegenständen muss (strenges Niederstwertprinzip) oder darf (gemildertes Niederstwertprinzip) der niedrigere Wert zwischen den Anschaffungs- bzw. Herstellungskosten und dem am Bilanzstichtag gültigen Zeit- bzw. Tageswert angesetzt werden.

Pauschalwertberichtigung: Für Forderungen, bei denen eine Einzelbewertung, z.B. wegen der Menge, unmöglich ist, muss das durchschnittliche Ausfallrisiko über eine pauschale Korrektur berücksichtigt werden. Die Pauschalwertberichtigung wird geschätzt, sie orientiert sich an den bisherigen Erfahrungswerten des Unternehmens.

Realisationsprinzip: Gewinne dürfen erst nach Abschluss der Leistungserstellung und des Gefahrenübergangs ausgewiesen werden.

Retrograde Bewertung: Die Anschaffungs- oder Herstellungskosten der unfertigen/fertigen Erzeugnisse oder Waren werden ermittelt, indem der voraussichtliche Verkaufspreis um die noch anfallenden Herstellungskosten, Erlösschmälerungen, Ausgangsfrachten, Verpackungs-, Vertriebs-, die noch anfallenden Verwaltungs- und die Kapitaldienstkosten gekürzt werden. So wird der beizulegende Wert (verlustfreie Bewertung) am Bilanzstichtag ermittelt.

Saldierungsverbot: Verbot der Verrechnung (Saldierung) von Vermögenswerten mit Schulden bzw. Erträgen mit Aufwendungen.

Segmentberichterstattung: Offenlegung von Vermögens- und Ertragsinformationen eines Unternehmens, untergliedert nach den Geschäftsfeldern und geographischen Merkmalen.

Sonderposten mit Rücklageanteil: Dieser Posten stellt eine Mischung zwischen Fremdkapital (Rückstellungscharakter der aufgeschobenen Ertragssteuerzahlungen) und Eigenkapital (Gewinnthesaurierung in Höhe des Restbetrages) dar.

Stille Reserven: Dies sind Vermögenswerte eines Unternehmens, die aus der Bilanz nicht offen ersichtlich sind, da aufgrund von Bilanzierungs- und Bewertungsvorschriften bestimmte Vermögenswerte überhaupt nicht erfasst oder zu niedrig bewertet wurden.

Teilkosten: Werden für die Bewertung von Vermögensgegenständen nach HGB bei den Herstellungskosten nur die Pflichtbestandteile (Materialeinzelkosten, Fertigungseinzelkosten und Sondereinzelkosten der Fertigung) berücksichtigt, stellen diese die Wertuntergrenze dar und man spricht von einer Bewertung zu Teilkosten.

Vollkosten: Hier werden für die Bewertung von Vermögenswerten bei den Herstellungskosten neben Einzelkosten auch produktionsbezogenen, Gemeinkosten miteinbezogen.

Stichwortverzeichnis